Technical English

만화로 쉽게 배우는 기술 영어

저자 / Maki Sakamoto(坂本真樹)

日本 옴사 · 성안당 공동 출간

만화로 쉽게 배우는 기술영어

Original Japanese edition
Manga de Wakaru Gijutsu Eigo
By Maki Sakamoto and TREND-PRO
Copyright ⓒ 2016 by Maki Sakamoto and TREND-PRO
Published by Ohmsha, Ltd.
This Korean Language edition co-published by Ohmsha, Ltd.
and Sung An Dang, Inc.
Copyright ⓒ 2017
All rights reserved.

프롤로그

영어를 잘 못하는데도 과학과 기술 계통 영어문장을 읽고 쓰고 연구 성과를 영어로 발표해야만 하는 사람들이 있습니다. 이 책은 다음과 같은 독자를 위한 입문서입니다.

- 대학 수업에서 영어문장을 읽고 쓰거나 영어로 발표해야 하는 대학생
- 대학원에서 영어논문을 읽고 쓰거나, 국제회의에서 연구 성과를 발표해야 하는 대학원생
- 해외 정보를 수집하거나 해외에 출장을 가서 영어로 프레젠테이션을 해야 하는 직장인

이 책에서는 영어를 잘 못해 고생하는 대학원생이 선배 연구원의 지도를 받고 영어를 극복해 가는 모습을 그렸습니다.

저는 이공계 국립대학에서 연구 지도를 하고 있습니다. 연구실에는 이공계 과목은 잘하지만 영어는 싫어하는 학생이 많습니다. TOEIC에서 400점대 수준의, 일상회화조차 어려운 학생도 대학원에 들어오면 영어로 된 논문을 읽어야 합니다. 사전을 찾아 겨우 영어논문을 읽는 수준의 학생도 연구 성과를 발표하기 위해서는 영어로 논문을 써야 합니다. 더구나 해외 학회에 참가해 연구 성과를 영어로 발표할 기회도 있습니다. 이 책은 영어를 싫어하는 학생들을 가까이에서 지도해본 경험을 토대로 쓴 것입니다. 학생들에게는 영어문장을 읽거나 쓰는데 있어서 다음과 같은 다섯 가지의 걸림돌들이 있습니다.

1. 단어를 몰라 사전을 찾는데 많은 시간이 걸린다.
2. 단어 뜻을 알고 있지만 문장 구조를 몰라 의미 있는 문장을 만들지 못한다.
3. 복잡한 우리말 문장을 그대로 번역하려고 한다.
4. 번역기에 너무 의존하다.
5. 백지상태에서 긴 영어논문을 쓰려고 한다.

이 문제를 어떻게 극복하면 좋을지 염두에 두고 이 책을 썼습니다. 영어교본을 읽는 것만으로 영어로 진행되는 프레젠테이션을 준비하기는 어렵습니다. 하지만 영어 문장만 쓸 수 있게 되면 질의응답은 몰라도 프레젠테이션까지는 가능합니다.

영어 공부를 위한 책은 영어교육 전문가가 쓰는 경우가 많습니다. 저는 도쿄외국어대학을 졸업하고 이공계 분야 연구자로서 학생들의 교육연구 지도를 하고 있습니다. 영어교육 전문가는 영어공부 방법을 제안할 수는 있습니다. 하지만 영어를 싫어하는 학생의 마음을 잘 아는 저 같은 사람이 쓴 영어교본이 이 세상에 한 권 정도 있어도 좋지 않을까 생각합니다. 영어는 싫어하지만 이 책을 읽고 영어공부 좀 해보고 싶다고 생각하는 독자가 한 사람이라도 더 많아졌으면 좋겠습니다. 저는 네이티브 스피커가 아니기 때문에 기업가인 히라하라 유미 씨에게 감수를 받았습니다. 어려서부터 사회인이 되기까지 영어권에서 교육을 받은 히라하라 유미 씨는 이 책의 취지를 존중하면서 일일이 확인 작업을 해 주었습니다.

마지막으로, 그림을 그려준 후카모리 아키 씨와 제작을 맡아준 트렌드 프로 담당자들에게 감사의 마음을 전합니다. 텍스트만 있다면 지루했을 교정 작업도 만화가 있어 아주 재미있게 진행할 수 있었습니다. 이 책의 기획은 2011년부터 시작했으나 그 후 우여곡절 끝에 드디어 출판하게 되었습니다. 그 동안 이 책을 포기하지 않고 끝까지 진행해 준 옴사 편집자 여러분에게 고마움을 전합니다. 이 책의 예문과 발표 자료는 제 연구실의 대학원생 논문과, 저의 공동연구 논문을 토대로 했습니다. 이 책에 그 자료를 활용할 수 있도록 흔쾌히 허락해준 분들게 진심으로 감사드립니다.

2017년 1월

사카모토 마키

차례

프롤로그   영어로 논문? 도저히 못해!! ·· 7

1장 기술 영어를 읽어 보자① 단어만 연결해 읽는 방법 ····················· 17
   1. 문법을 몰라도 단어만 알면 읽을 수 익다 ······································· 19
   2. 기술 영어는 그다지 많지 않다 ··· 26
   • 논문에서 많이 사용되는 단어 엄선 580 단어 ··································· 33

2장 기술 영어를 읽어 보자② 전부 읽지 않고 일부만 읽는 방법 ········· 53
   1. 기술 영어를 읽어야 하는 곳은 정해져 있다 ···································· 54
   2. 영어의 기본문장 형식을 생각하면서 중요한 곳을 읽는다 ················· 59
   • 문장 형식을 찾아보자 ··· 72

3장 기술 영어를 쓰기 시작 전 단계 ·· 77
   1. 요지를 직역해 본다 ··· 80
   2. 엉어로 바꾸기 쉬운 우리말 쓰기 ·· 8/
   • 영어로 표현하기 쉬운 우리말을 써보자 ··· 96

4장 중학교 수준의 문법으로 기술 영어를 써본다 ································ 101
   1. 능동문과 수동문 ·· 105
   2. 관계대명사 ·· 115
   3. 정관사와 부정관사 / 전치사 ·· 123
   • 기술 영어논문에서 흔히 사용되는 무생물 주어 ···························· 133

5장 템플릿을 사용하여 논문을 써보자 · 139
  1. 기술 영어논문의 요약 패턴 · 141
  2. 기술 영어논문의 본체 패턴 · 150
  −논문의 각 장에서 많이 쓰는 표현 · 160

6장 기술 영어답게 쓰는 방법 · 171
  1. 샘플을 잘 활용하자 · 175
  2. 인터넷을 잘 활용하자 · 185
  • 논문의 템플릿 · 188
    템플릿 1 (이공계 대부분의 연구에 공통되는 구조) · 188
    템플릿 2 (사람을 대상으로 조사하는 연구의 경우 등) · 189
    템플릿 3 (계산 모델이나 논리적인 연구의 경우 등) · 191

7장 국제회의에서 발표를 하기 위한 준비 · 193
  1. 메일을 보내자 · 196
  2. 발표하기 쉬운 프레젠테이션 자료를 만들자 · 207
  • 프레젠테이션 자료의 예 · 221

참고문헌 · 234

찾아보기 · 235

프롤로그

영어로 논문?
난 도저히 못해!

사실은···
그러니까 영어를 참고하기 위해 읽으려 했다는 거지
그렇죠···
그런 마음 나도 모르는 거 아니야.
정말요?
수현 선배는 영어로 읽고 쓰는 건 전혀 문제가 없잖아요~!
사실 나도 연구하는 게 좋아 박사 과정 마치고 이 연구실에 소속되어 있지만
영어는 잘 하지 못했어.
네에 그래요!
믿기지 않은데···

그런데
외국에 연구 성과를 발표하려면
영어는 피할 수 없는
관문이잖아.
그러니까
기를 쓰고 공부했더니
어느 때부턴지 요령이
생기더라고
요령?
요령만 알면
그리 어려울 게
없거든.
와···
저에게도
그 요령을 가르쳐
주세요!
싫은데
아까
직접 물어보라
했잖아요.
이것과 그건
완전히 다른 거야.
나도 바쁘거든.
그렇기 말하지 마세요.
저도
시간이 없다고요···
그걸 어떻게든!
디리링 디리링
응?

1장

기술 영어를 읽어 보자 ①
단어만 연결해 읽는 방법

1. 문법을 몰라도 단어만 알면 읽을 수 있다

내용어는 품사로 말하면 **명사**와 **동사**, 그리고 **형용사**와 **부사**가 포함돼.

표로 정리하면 이런 식이지.

【 내용어의 종류 】

명사	사물의 이름 등	개, 학교, 자연 등등	dog, school, nature
동사	'~한다' '~이다'	달린다, 먹는다 등	run, eat
형용사	명사를 꾸며준다	크다, 달다 등	big, sweet
부사	동사나 문장을 꾸며준다	천천히, 아주 등	slowly, very.

기능어의 종류는…

【 기능어의 종류 】

관사	a, an, the 등	조동사	can, could, will, would, should 등
전치사	in, at, for 등	인칭대명사	I, you, we, my, your, he, she, it 등
be동사	is, am, are 등	접속사	and, but, or 등
관계대명사	who, that, where, when, why, how 등		

…응 이런 느낌

정말 이건 알기 쉽네요!

Color information in a document is unconsciously considered essential in helping the understanding of the text content. For instance, readers rely on the use of color to grasp the outline of the document quickly.
Furthermore, it has been shown that the colors in a document are also effective in aiding the memorization and recognition of the text content.
In this paper, we pursue the possibility of proposing the colors, which have cognitive associations with the content, to convey and strengthen the message delivered by the textual information.

color / information / document / unconsciously / considered / essential / helping / understanding / text / content / for instance / reader / rely / color / grasp / outline / document / quickly / showed / colors / document / effective / memorize / recognize / text / contents / paper / pursue / possibility / proposing / colors / have / cognitive / association / text / convey / strengthen / message / textual / information

'색' '정보' '문서' '무의식적으로' '깊이 생각한' '필수의' '도움' '이해' '텍스트' '내용' '예를 들면' '독자' '의지하다' '색' '파악하다' '아웃라인' '문서' '신속하게' '나타냈다' '색' '문서' '효과적' '기억하다' '인식하다' '텍스트' '내용' '논문' '추구하다' '가능성' '제안하다' '색' '갖다' '인지적' '연상' '텍스트' '전하다' '강화하다' '메시지' '텍스트의' '정보'

2. 기술 영어단어는 그다지 많지 않다

논문에서 많이 사용되는 단어
엄선 580 단어

단어	품사	뜻	참고
A absolute	형용사	절대적인	an absolute value(절대치)
abstract	형용사	추상적인	an abstract of the paper(논문의 요지)
academic	형용사	학술적인	an academic journal(학술잡지)
acceptable	형용사	용인할 수 있는	an acceptable sentence(용인 가능한 문장)
accidental	형용사	우연의	an accidental coincidence(우연의 일치)
accordance	명사	일치	according to Sakamoto(2013) Sakamoto(2013)에 의하면
account	명사	설명	account for the data(데이터를 설명한다)
achieve	동사	달성하다	achieve the goal(목표를 달성한다)
acknowledge	동사	감사하다	acknowledgment(감사의 말)
additional	형용사	추가의	in addition(게다가)
address	동사	몰두하다	address the issue(문제에 몰두하다)
adequate	형용사	타당한	an adequate account(타당한 설명)
admit	동사	인정하다	as the author admits(저자가 인정한대로)
adopt	동사	채택하다	adopt the model (그 모델을 채택하다)
advance	동사	제시하다	advance a new model(새로운 모델을 제시하다)
advantage	명사	강도, 강점	an advantage of the approach (접근법의 강점)
affect	동사	영향을 주다	affect the analysis(분석에 영향을 미치다)
affiliation	명사	소속	a current affiliation(현재 소속)
agreement	명사	일치	There is little agreement on this point. (이 점에서 거의 의견이 일치하지 않는다)
aim	명사	목적	the aim of this paper(이 논문의 목적)
alternative	형용사	다른	an alternative explanation(다른 설명)
ambiguous	형용사	애매모호한	an ambiguous expression(애매한 표현)
amount	명사	양	a large amount of data(대량의 데이터)
analogous	형용사	유사의	analogous results(비슷한 결과)

단어	품사	뜻	참고
analysis	명사	분석	analyses(복수형), analyze(분석하다)
anonymous	형용사	익명의	anonymous reviewer(익명의 검열자)
apparatus	명사	기구, 장치	a conceptual apparatus(개념적 장치)
apparent	형용사	명백한	an apparatus counterexample(명백한 반례)
appendix	명사	부록	Appendix A (부록 A) 관사 없이 사용
applicable	형용사	적용할 수 있는	apply to(~에 적용하다)
approach	명사	접근	approach the problem (문제에 접근하다) 직접목적어를 취한다
appropriate	형용사	적절한	an appropriate explanation(적절한 설명)
approximately	명사	대략	approximate(대략의)
arbitrary	형용사	자의적인	an arbitrary relationship(자의적인 관계)
argument	명사	논의	argue(논의하다)
aspect	명사	측면	
associate	동사	관련짓다	associate A with B(A를 B와 관련시키다)
Assume	명사	상정	assume(를 상정하다)
attribute	명사	속성	
attempt	동사	시도하다	attempt to explain(설명하려고 시도하다)
average	명사	평균	average value(평균치)
background	명사	배경	
based	형용사	~에 입각한	based on previous research (선행 연구에 기초를 둔)
basically	부사	기본적으로	basic(기본적인)
basis	명사	기반	
bibliography	명사	참고문헌, 일람	
bold	명사	굵은 글자	
boundary	명사	경계	
briefly	부사	간결하게	brief(간결한)
capture	동사	파악하다	
categorize	동사	범주화하다	category(범주), categorization(범주화)
central	형용사	중심적인	
challenging	형용사	도전적인	

B

C

단어	품사	뜻	참고
characterize	동사	특징짓다	characteristic(특징적인)
cite	동사	인용하다	citation(인용)
claim	동사	주장하다	
clarify	동사	밝히다	clarification(명확화)
classic	형용사	고전적인	
classification	명사	분류	classify
clearly	부사	명확하게	clear(명확한)
closely	부사	면밀히	close(면밀한)
clue	명사	실마리	provide clues to answering (해답의 단서를 제공하다)
coherent	형용사	일관성 있는	coherence(일관성)
collaboration	명사	공동	collaborate(공동연구하다)
column	명사	단, 종의 횡(열)	the leftmost/rightmost column (가장 왼쪽의/가장 오른쪽의 열)
common	형용사	공통의	commonality(공통성)
comparable	형용사	유사한	
comparative	형용사	비교의	compare A to/with B(A와 B를 비교하다)
compatible	형용사	호환 가능한	be compatible with B(B와 호환 가능하다)
competing	형용사	경쟁의	two competing theories(두 경쟁이론)
complementary	형용사	보완적인	a complementary distribution(보완분포)
completely	부사	완전하게	complete(완전한)
complex	형용사	복잡한	complexity(복잡함)
complicated	형용사	복잡한	complicate(복잡하게 하다)
component	명사	구성요소	
comprehensive	형용사	포괄적인	
conceptual	형용사	개념적인	concept(개념)
concern	명사	관심	concerning the issue(문제에 관해서는)
conclusion	명사	결론	conclusive(결정적인), conclude(결론짓다)
concrete	형용사	구체적인	concretely(구체적으로)
condition	명사	조건	under the condition that S+V (~라는 조건 하에서는)

단어	품사	뜻	참고
conduct	동사	행하다	conduct an experiment(실험을 실시하다)
conference	명사	학회	
confirm	동사	확인하다	
conflicting	형용사	대립적인	conflict(대립하다)
conform	동사	일치하다	
consensus	명사	의견의 일치	there is little consensus on A (A에 관해서는 거의 의견이 일치하지 않는다)
consequence	명사	귀결	consequently(결과적으로)
consider	동사	생각하다	reconsider(재고하다)
considerable	형용사	상당한	considerably(상당히)
consist	동사	이루어져 있다	consist of two parts (두 부분으로 이루어져 있다)
consistent	형용사	일치되는	be consistent with A(A와 일치한다)
constant	형용사	일정한	정수(명사)
constitute	동사	구성하다	be constituted by the elements (요소로 구성된다)
constraint	명사	제한	constrain(제한하다)
construct	동사	구축하다	construct a system(시스템을 구축하다)
construe	동사	해석하다	construal(해석)
content	명사	내용	a table of contents(차례)
continue	동사	계속하다	continuum(연속체)
contradict	동사	반박하다	contradict the assumption (가정에 반박하다)
contrary	형용사	정반대의	contrary
contrast	명사	대조	in contrast with A(A와 대조적으로)
contribute	동사	공헌하다	contribute to A(A에 공헌하다)
controversial	형용사	논쟁의 여지가 있는	
convenience	명사	편의	convenience(편의적으로)
convincing	형용사	설득력 있는	
cope	동사	취급하다	cope with A(A를 취급하다)
correct	형용사	옳은	correctly(바르게)

단어	품사	뜻	참고
correlation	명사	상관관계	
correspond	동사	일치하다	correspond to the previous study (선행 연구와 일치한다)
corroborate	동사	입증하다	
counterargument	명사	반론	
criterion	명사	기준	criteria(복수형)
critical	형용사	결정적인	
criticize	동사	비판하다	criticism(비판)
crucial	형용사	매우 중요한	
current	형용사	여기서의	current issue(여기서의 문제)
customary	형용사	통례의	
D deal	동사	취급하다	deal with the problem(문제를 취급하다)
debatable	형용사	논쟁의 여지가 있는	be debatable whether S+V (~인지 아닌지 논쟁의 여지가 있다)
decisive	형용사	결정적인	
define	동사	정의하다	definition(정의)
definitely	부사	명확하게	definite(명확한)
degree	명사	정도	to what degree(어느 정도)
delineate	동사	경계를 정하다	
demonstrate	동사	보이다	
depend	동사	의존하다	depend on A(A에 의존하다)
depth	명사	깊이	in depth(상세하게)
derive	동사	끌어내다	
describe	동사	기술하다	description(기술)
deserve	동사	~할 가치가 있다~할 만한	
designate	동사	가리키다	
desirable	형용사	바람직한	
detail	명사	상세	In more detail(보다 상세하게)
detect	동사	검출하다	detectable(검출 가능한)
determine	동사	결정하다	
device	명사	장치	devise(고안하다)

단어	품사	뜻	참고
devote	동사	전념하다	Considerable attention has been devoted to the phenomenon (상당한 주목이 그 현상에 쏟아졌다)
diagram	명사	도식	
dichotomy	명사	이분법	
difference	명사	다름	
dimension	명사	차원	
direct	형용사	직접적인	directly(직접적으로)
directionality	명사	방향성	
discipline	명사	학문 분야	interdisciplinary(여러 분야에 관계가 있는)
discussion	명사	논의	discuss(논의하다)
display	동사	보이다	
distinct	형용사	별개의	
distinction	명사	구별	distinctive(특유의)
distinguish	동사	구별하다	
distribution	명사	분포	
diverse	형용사	다양한	diversity(다양성)
divide	동사	분할하다	be divided into A and B(A와 B로 분할되다)
doubtful	형용사	의심스러운	doubt(의심하다)
dual	형용사	이중의	
dubious	형용사	의심스러운	
effective	형용사	효과적인	effect(효과)
elaborate	동사	자세히 설명하다	
element	명사	요소	
elsewhere	부사	다른 곳에서	
elucidate	동사	해명하다	
emergent	형용사	신생의	emergent properties(출현 속성)
emphasize	동사	강조하다	emphasis(강조)
empirical	형용사	경험에 의거한	an empirical study(실증적 연구)
employ	동사	쓰다, 이용하다	
enormous	형용사	막대한	

단어	품사	뜻	참고
ensuing	형용사	후속의	
ensure	동사	보증하다	
entire	형용사	전체의	entirely(완전하게)
entitle	동사	제목을 붙이다	a paper entitled A(A라는 제목의 논문)
enumerate	동사	열거하다	
equally	부사	마찬가지로	equal(동일한)
equivalent	형용사	동등의	
equivocal	형용사	모호한	
especially	부사	특히	
essential	형용사	불가결한	essence(본질)
establish	동사	확립하다	
estimate	동사	추정하다	
evidence	명사	증거	evidently(명확하게)
evoke	동사	환기하다	
exact	형용사	정확한	exactly(정확하게)
examine	동사	조사하다	
example	명사	예	
exception	명사	예외	
excerpt	명사	발췌	
exclude	동사	제외하다	
exclusively	부사	배타적으로	exclusive(배타적인)
exemplify	동사	예시하다	
exert	동사	가하다[행사하다]	exert influence on A(A에게 영향력 행사)
exhaustive	형용사	포괄적인	
exhibit	동사	보이다	
existing	형용사	기존의	exist(존재하다)
expand	동사	확대하다	expansion(확대)
experiment	명사	실험	an experimental approach
expertise	명사	전문지식	expert(전문가)
explanation	명사	설명	explanatory(설명하기 위한)
explicate	동사	해명하다	

단어	품사	뜻	참고
explicit	형용사	명시적인	explicitly(명시적으로)
explore	동사	탐구하다	exploration(탐구)
extensive	형용사	광범위한	extend(확장하다)
extent	명사	범위	to the extent that S+V(~라는 점에 있어서)
external	형용사	외부의	
extract	동사	추출하다	extract from A(A에서 추출하다)
extremely	부사	극히	
extrinsic	형용사	외재적인	
F facet	명사	측면	
facilitate	동사	촉진하다	
factor	명사	요인	
fairly	부사	상당히	
fallacious	형용사	잘못된	
falsify	동사	조작하다	
far-fetched	형용사	믿기지 않는	
fashion	명사	방법	
favor	명사	지지	
feasible	형용사	실현가능한	
feature	명사	특징	
figure	명사	그림	figure 1(관사 없이 사용)
finding	명사	성과	
finite	형용사		
focus	동사	집중하다	focus on A (A에 치중하다)
following	형용사	이하의	as follows(다음과 같이)
footnote	명사	각주	endnote(말미[권말]의 주(註))
former	명사	전자	latter(후자)
formulate	동사	공식화하다	formula(식) 단수/formulae 복수
foundation	명사	기반	
framework	명사	뼈대	
fruitful	형용사	유익한	
fully	부사	완전하게	

단어	품사	뜻	참고
function	명사	기능	functional(기능적인)
fund	명사	연구비	
fundamental	형용사	기본적인	
further	형용사	더 이상의	furthermore(게다가)
G generalization	명사	일반화	generally(일반적으로), general(일반적인)
glossary	명사	용어 사전	
grant	명사	연구 조성금	This research was supported by a grant from A.(이 연구는 A의 조성금에 의해 지원되었다.)
grasp	동사	파악하다	
grateful	형용사	감사의	
guarantee	동사	보증하다	
H handle	동사	취급하다	
helpful	형용사	도움이 되는	
henceforth	부사	이하	hereafter(이하)
hierarchy	명사	계층	
highlight	동사	강조하다	
highly	부사	상당히	
hitherto	부사	지금까지는	
horizontal	형용사	옆의	
hypothesis	명사	가설	hypotheses(복수)
hypothesize	동사	가정하다	
I identical	형용사	동일의	A is identical to B(A는 B와 동일하다)
identify	동사	확인하다[알아보다]	identification(식별)
ignorant	형용사	무지한	be ignorant of A(A를 모른다)
illuminate	동사	밝히다[분명히 하다]	
illustrate	동사	설명하다	illumination(해설)
immediately	부사	직접적인	
immense	형용사	엄청난	
impact	명사	영향	
imperfect	형용사	불완전한	
implausible	형용사	타당해 보이지 않는	

단어	품사	뜻	참고
implication	명사	함축	imply(함축하다)
implicit	형용사	암묵의	
importance	명사	중요성	important(중요한)
inadequate	형용사	부적절한	
incidentally	부사	그런데	
incompatible	형용사	양립할 수 없는	
independent	형용사	독립된	independent from/of A(A로부터 독립되어 있다)
indicate	동사	시사하다	
indirect	형용사	간접적인	
indispensable	형용사	불가결한	
individual	형용사	개개의	
inevitable	형용사	필연적인	inevitably(필연적으로)
infer	동사	추론하다	inference(추론)
infinite	형용사	무한의	
influence	동사	영향을 주다	influence on A(A에 영향을 주다)
inherent	형용사	고유의	inherently(본래)
inherit	동사	형용하다	
initial	형용사	최초의	initially(최초로)
innovative	형용사	혁신적인	
inquire	동사	탐구하다	enquire(탐구하다)
insightful	형용사	통찰력 있는	insight(통찰)
inspection	명사	조사	
instance	명사	사례	for instance(예를 들면)
instantiate	동사	구체화하다	
instaument	명사	도구	
insufficient	형용사	불충분한	
integral	형용사	불가결한	
integrate	동사	통합시키다	
interaction	명사	상호작용	interact(상호작용하다), interactive(상호작용의)
interface	명사	접점	
intermediate	형용사	중간의	

단어	품사	뜻	참고
internal	형용사	내부의	internally(내부의)
interpret	동사	해석하다	interpretation(해석)
interval	명사	간격	
intimate	형용사	밀접한	
intricate	형용사	복잡한	
intriguing	형용사	흥미 있는	interesting(흥미 있는)
intrinsic	형용사	내재적인	
introduction	명사	서론	introduce(도입하다)
intuitively	부사	직감적으로	intuitive(직감적인), intuition(직감)
invalid	형용사	근거 없는	
inventory	명사	일람표	
investigate	동사	조사하다	
irrelevant	형용사	무관한	
isolate	동사	분리하다	
issue	명사	문제	
J jointly	부사	공동으로	
justify	동사	정당화하다	
L label	동사	꼬리표를 붙이다	
lacking	형용사	결여된	
largely	부사	주로	
later	부사	나중에	
leading	형용사	주요한	lead to A(A로 이어지다)
length	명사	길이	
likelihood	명사	가능성	the likelihood that S+V(~할 가능성)
likewise	부사	마찬가지로	
limitation	명사	제한	limit(제한하다)
literature	명사	문헌	
locate	동사	자리매김하다	
lower	형용사	아래의	at the lower right of Figure 1 (그림 1의 오른쪽 아래에)
M magnitude	명사	규모	

단어	품사	뜻	참고
mainly	부사	주로	main(주요한)
maintain	동사	유지하다	
major	형용사	주요한	
majority	명사	대다수	minority(소수)
manifest	동사	나타내다	manifestation(징후)
marginal	형용사	미미한	marginally(아주 조금)
material	명사	재료	
mean	명사	평균	
meaningful	형용사	의미 있는	meaning(의미), mean(의미하다)
mechanism	명사	메커니즘	
mediate	동사	중개하다	
mention	동사	언급하다	
merit	명사	이점	demerit(결점)
method	명사	방법	methodology(방법론)
minor	형용사	작은	
misleading	명사	오해의 소지가 있는	
mistake	명사	실수, 잘못	mistaken(잘못된, 틀린)
modify	동사	수정하다	modification (수정)
mostly	부사	대부분의 경우	
motivate	동사	동기부여하다	motivation(동기부여)
multiply	동사	곱하다	
mutual	형용사	상호의	

N

단어	품사	뜻	참고
namely	부사	즉	
natural	형용사	자연의	natural number(자연수)
normal	형용사	통상의	
notable	형용사	주목할 만한	
notation	명사	표기법	
noteworthy	형용사	주목할 만한	
notice	동사	주목하다	
notion	명사	개념	
novel	형용사	신규의	

단어	품사	뜻	참고
numerous	형용사	다수의	
O object	명사	대상	
objective	명사	목적 객관적인(형용사)	
observation	명사	견해	observe(관찰하다)
obtain	동사	얻다	
obvious	형용사	분명한	obviously(분명하게)
odd	형용사	홀수의	an odd number(홀수)
opposite	형용사	정반대의	
opposition	명사	대립	oppose(반대하다)
optional	형용사	선택적인	option(선택권)
ordinary	형용사	통상의	
organize	동사	구성하다	
original	형용사	독창적인	origin(기원)
otherwise	부사	그렇지 않으면	
outcome	명사	결과	
overall	형용사	전체의	
overlap	명사	중복	
overlook	동사	간과하다	
overview	명사	개관, 개요	
P pair	명사	쌍[짝]	a pair of elements(한 쌍의 요소)
paper	명사	논문	article(논문)
paradigm	명사	패러다임	
parallel	형용사	병렬의	
paraphrase	동사	다른 말로 바꿔 표현하다	
parenthesis	명사	괄호	parenthesize(괄호 안에 넣다)
partial	형용사	부분적인	
participate	동사	참가하다	participate in the experiment (실험에 참가하다)
particularly	부사	특히	particular(특정의)
partly	부사	부분적으로	part(부분)
percentage	명사	비율	5 percent(단위라서 복수형으로 표현하지 않는다)

단어	품사	뜻	참고
perfect	형용사	완전한	
perform	동사	행하다	performance(성능)
peripheral	형용사	주변적인	
perspective	명사	관점	from the perspective of A(A의 관점에서)
persuasive	형용사	설득력 있는	
pervasive	형용사	광범위한	
phase	명사	계층	
phenomenon	명사	대상(단수)	phenomena(복수)
pivotal	형용사	중심적인	
plausible	형용사	타당한	
portion	명사	일부	
pose	동사	제기하다	
posit	동사	가정하다	
position	명사	입장	
possibility	명사	가능성	impossible(불가능한)
precede	동사	선행하다	in the preceding section(앞 절에서는)
precisely	부사	정확하게	precise(정확)
preclude	동사	제외하다	
predict	동사	예측하다	predictable(예측할 수 있는)
predominant	형용사	지배적인	predominantly(주로)
preliminary	형용사	예비적인	Preliminary Remarks(서문, 머리말)
premise	명사	전제	
prerequisite	명사	전제조건	
present	형용사	현재의	presently(현재, 지금)
presentation	명사	제시	an oral presentation(구두발표)
presume	동사	추정하다	
presuppose	동사	전제로 하다	
previous	형용사	선행의	previous studies(선행 연구)
primary	형용사	주요한	primarily(주로)
principal	형용사	주요한	
principle	명사	원리	

단어	품사	뜻	참고
prior	형용사	선행의	prior to this research(이 연구 이전에는)
problem	명사	문제	problematic(문제가 있는)
procedure	명사	순서	
proceed	동사	진행하다	conference proceedings(대회발표논문집)
proper	형용사	적절한	properly(적절하게)
property	명사	속성	
propose	동사	제안하다	proposal(제안)
proportion	명사	비율	proportional(비례의)
prove	동사	증명하다	proof(증거 또는 교정원고)
purpose	명사	목적	
pursue	동사	탐구하다	
quality	명사	질	qualitative(질적인)
quantity	명사	양	quantitative(양적인)
question	명사	질문	questionable(의심스러운)
questionnaire	명사	설문지	
quite	부사	상당히	
quote	동사	인용하다	quotation(인용)
radical	형용사	근본적인	radically(근본적으로)
random	형용사	무작위의	randomly(무작위로)
range	명사	범위	
rare	형용사	드문	
rather	부사	오히려	rather than A(A라기보다 오히려)
ratio	명사	비율	by a ration of 2:1(2대 1의 비율로)
reaction	명사	반응	react(반응하다)
readily	부사	용이하게	
realize	동사	인식하다 실현하다	realization(인식, 실현)
realm	명사	영역	domain(영역)
reasonable	형용사	타당한	reason(이유)
recall	동사	생각해내다	
recognize	동사	인식하다	pattern recognition(패턴 인식)

단어	품사	뜻	참고
recurrent	형용사	반복되는	recurrent network(회귀망)
reduce	동사	순환하다	reductive(순환주의적인)
redundant	형용사	여분의	
refer	동사	언급하다	refer to A(A에 대해 언급하다)
refine	동사	정제하다	
reflect	동사	반영하다	
refrain	동사	삼가다	refrain from A(A를 자제하다)
regard	동사	간주하다	regarding A(A에 관해서는)
relate	동사	관련시키다	related to A(A와 관련 있는)
relationship	명사	관계	in relation to B(B에 관해서는)
relative	형용사	상대적인	relatively(비교적으로)
relevant	형용사	관련 있는	
reliable	형용사	신뢰할 수 있는	
remainder	명사	나머지	the remainder of this article (이 논문의 나머지 부분)
remarkable	명사	주목할 만한	remark(견해)
rephrase	동사	바꿔 말하다	
represent	동사	나타내다	representative(대표의)
requirement	명사	요건	require(필요로 하다)
research	명사	연구	study(연구)
resemblance	명사	유사	
resolve	동사	해결하다	resolution(해결)
resort	동사	의지하다	as a last resort(마지막 수단으로서)
respect	명사	점	in this respect(이 점에서는)
respective	형용사	각각의	respectively(제각기)
respond	동사	반응하다	respond to A(A에 반응하다)
responsible	형용사	~에 책임이 있는	responsible for A(A의 원인이 되다)
rest	명사	나머지	the rest of this article(이 논문의 나머지)
restrict	동사	제한하다	restriction(제한)
reveal	동사	밝히다	revealing(명확한)
review	동사	재검토하다	reviewer(검토자)

단어	품사	뜻	참고
revise	동사	수정하다	
revisit	동사	재고하다	rethink(재고하다)
rigid	형용사	엄밀한	
roughly	부사	대충	
S sake	명사	목적	for the sake of convenience(편의상)
satisfy	동사	만족시키다	satisfying(충분한)
schematize	동사	도식화하다	schematization(도식화)
scientific	형용사	과학적인	science(과학)
scope	명사	범위	
secondary	형용사	부차적인	
selective	형용사	선택적인	select(선택하다)
separately	부사	따로따로, 별도로	separate(분할하다)
series	명사	일련	a series of experiments(일련의 실험)
serve	동사	도움이 되다, 기여하다	
sharp	형용사	엄밀한	sharply(엄밀하게)
shift	동사	옮기다	
shortcoming	명사	결점	
significance	명사	중요성	significant(중요한)
similarity	명사	유사성	similar to A(A와 비슷하다)
simplify	동사	단순화하다	simply(단순하게)
simulation	명사	시뮬레이션	
simultaneous	형용사	동시에 일어난	simultaneously(동시에)
situate	동사	위치시키다	situation(상황)
sketch	동사	개요를 제시하다(약간의)	
slightly	부사	약간	slight(약간의)
solely	부사	오로지, 단지	
solution	명사	해결책	solve(해결하다)
somewhat	부사	조금	
specialize	동사	전문으로 하다	special(특별한)
specific	형용사	특정의	specify(특정하다)
standard	형용사	표준적인	

제1장 기술 영어를 읽어 보자 ① 단어만 연결해 읽는 방법 49

단어	품사	뜻	참고
state	동사	말하다, 쓰다	statement(주장)
statistics	명사	통계	statistical(통계상의)
stem	동사	생기다	stem from A (A에서 유래하다)
straightforward	형용사	솔직한	
stress	동사	강조하다	
strictly	부사	엄밀하게	strictly speaking(엄밀하게 말하면)
striking	형용사	현저한	strikingly(현저하게)
strong	부사	강하게	strength(강함)
structure	명사	구조	structural(구조적인)
subject	명사	피험자, 주제	
subjective	형용사	주관적인	
subsequent	형용사	후속의	subsequently(나중에)
substantial	형용사	본질적인	
substantiate	동사	실증하다	substantive(실질적인)
subtle	형용사	미묘한	
succeeding	형용사	후속의	in the succeeding chapters(후속 장에서)
sufficient	형용사	충분한	sufficiently(충분히)
suggest	동사	시사하다	
suitable	형용사	적합한	
sum	명사	합계	summarize(요약하다)
support	동사	지원하다	supportive(지원하는)
suppose	동사	가정하다	
survey	동사	조사하다	
symmetric	형용사	대칭적인	
synthetic	형용사	통합적인	synthesize(통합하다)
system	명사	시스템	systematic(체계적인)
table	명사	표	Table 1(관사 없이)
technical	형용사	전문적인	technically speaking(전문적으로 말하면)
template	명사	템플릿	
tendency	명사	경향	tend to A(A하는 경향이 있다)
tentative	형용사	잠정적인	

단어	품사	뜻	참고
term	명사	용어	in terms of A(A의 관점에서)
terminology	명사	전문용어	
test	동사	검증하다	testable(검증 가능한)
theory	명사	이론	theoretical(이론적인)
therefore	접속사	따라서	
thesis	명사	학위논문	
thorough	형용사	상세한	thoroughly(상세하게)
total	명사	통계	a total of 100 materials(전체에서 100 소재)
traditional	형용사	전통적인	
treat	동사	다루다	treatment(취급)
trigger	동사	촉발시키다	
twofold	형용사	이중적인	threefold(3중의)
typical	형용사	전형적인	
U ubiquitous	형용사	보편적인	ubiquity(보편성)
ultimately	부사	최종적으로는	ultimate(최종적인)
underlie	동사	의 기초가 된다	underlying(기저의)
underline	동사	강조하다	
understand	동사	이해하다	understandable(이해할 수 있는)
unify	동사	통일하다	unified(통일적인)
unique	형용사	독특한	peculiar(특유의)
unit	명사	단위	
universal	형용사	보편적인	universality (보편성)
unknown	형용사	미지의	well-known(잘 알려진)
unlike	전치사	~와는 달리	
upper	형용사	위의	at the upper left of Figure 1 (그림 1의 왼쪽 위에)
useful	형용사	유익한	useless(도움이 되지 않는)
utilize	동사	이용하다	utility(유용성)
V vague	형용사	모호한	obscure(모호한)
validity	명사	타당성	valid(타당한)
value	명사	가치	valuable(가치가 있는)

단어	품사	뜻	참고
variable	명사	변수	
variation	명사	변동	
variety	명사	다양성	a variety of factors(다양한 요인)
various	형용사	다양한	vary(달리하다)
verify	동사	검증하다	verification(검증)
vertical	형용사	수직의, 세로의	vertically(수직으로)
view	명사	견해, 관점	
viewpoint	명사	시점	from the viewpoint of A(A의 관점에서)
virtually	부사	사실상	virtual(가상의)
virtue	명사	이점	by virtue of the fact that S+V (~라는 사실에 의해)
vital	형용사	불가결한	
W weakness	명사	약점	weaken(약화시키다)
widely	부사	넓게	broad(넓은)
worthwhile	형용사	가치가 있는	
worthy	형용사	~을 받을 만한	worthy of further investigation (더 연구할 만한)
Y yield	동사	결과 등을 내다	

2장

기술 영어를 읽어 보자 ②
전부 읽지 않고 일부만 읽는 방법

1. 기술 영어를 읽어야 하는 곳은 정해져 있다

The advertisement(hereafter, ad)is an essential element of a market economy. However, ads tend to be the most frustrating factor for website users because the positions of the ads are variable. For example, there are three positions for ad placement, as shown in Figure 1. Figure 1(a) shows the Up layout and the Inner-right-up layout, which is inserted in the news article. Figure 1(b) shows the Right-up layout. Unfortunately, when the ads are inserted in these high attention positions, they reduce the readability of the news articles.

Users visit news websites to find and read the information they need. A previous study points out the importance of the readability of information on websites-such as news websites, and how ads inserted in high attention positions may reduce content readability. However, as ad revenues are necessary for the operation of news websites, placing the ads in high attention positions also becomes a necessity.

When the ads on websites attempt to gain the user's attention, they compete with other elements and content of the website, such as articles, headlines, illustrations, etc. Therefore, previous studies have focused on the optimal placements for ads in order to increase user attention. And they have found that although users tend to ignore ads for the most part, attention levels can be increased by optimal placements. However, it is also important to consider the impressions, such as the emotions evoked, as a result of drawing their attention to the ads. Previous studies have assumed that there is a trade-off relation between the degree of a user's attention and the strength of the impression made by an ad, and have attempted to analyze these factors from the viewpoint of multi-objective optimization.

Previous studies have pursued the optimization of web layouts for effective ads. In this study, we also explore the optimal ad placements for high attention, effective impression, and high readability at the same time. The experiments will involve participants who are asked to view and provide feedback on a variety of page layouts on news websites. These results are then analyzed from the viewpoint of multi-objective optimization.

In this study, we conducted psychological experiments to explore the effective placement of ads in news websites. The participants of the experiment watch various types of news website samples in which ads are positioned in various layouts. Through these experiments, we measured (1) the eye fixations on the ads, (2) the impression of the ads in relation to the contents of the negative news articles, and (3) the readability of the news content.

We used six ad categories with high insertion frequency for three months: (1)service; (2) finance; (3) real estate; (4) information and communication; (5) cosmetics; and (6)leisure. the layout employed in the experiments were the ten patterns as shown in Figure 2, where the bold square indicateds the advertisement.

We conducted the following three types of psychological experiment in order to explore effective placements of ads in news websites. In each experiments, 20 participants randomly viewed 12 news website samples.

Table 1 shows the results of experiment 1. In this table, the rows indicate the three evaluation criteria for the eye fixation on the ads, while the columns indicate the 10 types of web layouts. The layouts that are high in value are the inner-right-up layout and inner-left-down layouts. This result indicates that the eyes move across the ads when the ads are located at positions close to the news articles being read by the user.

Table 2 shows the results of experiment 2. In this table, the rows show the 2 types of SD scales. The up layout is high in value and the inner-right-down layout is low in value. This result is conflicting to the result of experiment 1.

Table 3 shows the result of experiment 3. In this table, the rows show the two types of SD scales. The layouts that are high in value are the down layout and the right-down layout, while the inner-left-up layout is low in value. Therefore, this result indicates that the level of attention achieved is in negative correlation to readability.

제1단락 광고는 시장 경제의 필수 요소이다. 그러나 광고 배치는 다양하기 때문에 웹사이트를 이용할 때 가장 번거로운 요인이 될 수 있다. 광고가 주목하기 쉬운 위치에 게재되면 뉴스 기사의 가독성을 떨어뜨린다.

제2단락 주목도가 높은 위치에 광고를 배치해야 한다.

제3단락 웹 사이트의 광고가 사용자에게 호소하려고 할 경우, 광고는 기사나 헤드라인, 삽화 등 웹 사이트상의 다른 요소와 경쟁하게 된다. 독자의 관심을 끄는 광고가 어떤 인상을 불러일으킬지 고려하는 것도 중요하다. 기존 연구에서는 뉴스 사이트상의 광고의 주목도와 인상도는 트레이드 오프(이율배반적인 관계)관계에 있다고 가정해, 다목적 최적화 관점에서 광고의 주목도와 인상도에 대해 분석했다.

제4단락 이 연구에서는 높은 주목도와 높은 인상도와 높은 이해도를 동시에 만족시키는, 효과적인 광고 배치를 탐구한다. 우리는 참가자들이 다양한 레이아웃의 뉴스 사이트 페이지를 보는 실험을 함으로써 이 목적을 달성한다.

제5단락 이 연구에서는 새로운 웹 사이트에 광고를 효과적으로 배치하기 위한 심리 실험을 실시했다.

제6단락 우리는 3개월간 높은 빈도로 게재된 여섯 종류의 광고 카테고리를 이용했다.

제7단락 우리는 뉴스 사이트에서 효과적인 광고 게재 위치를 탐색하기 위해 세 가지 유형의 심리 실험을 실시했다.

제8단락 표 1은 실험 1의 결과를 나타낸 것이다. 이 결과는, 광고가 뉴스 기사와 가까운 위치에 있을 때는 시선이 광고 위를 통과한다는 것을 나타낸다.

제9단락 표 2는 실험 2의 결과를 보인 것이다. 이 결과는 실험 1의 결과와 서로 대립된다.

제10단락 표 3은 실험 3의 결과를 나타낸 것이다. 이 결과는 주목도와 가독성이 부정적 상관관계임을 나타낸다.

2. 영어의 기본문장 형식을 생각하면서 중요한 곳을 읽는다

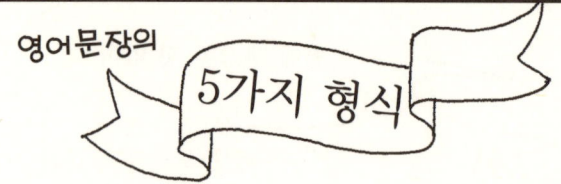

영어문장의 5가지 형식

1형식 문장	주어(subject)＋동사(verb)
2형식 문장	주어(subject)＋동사(verb)＋보어(Complement)
3형식 문장	주어(subject)＋동사(verb)＋목적어(Object)
4형식 문장	주어(subject)＋동사(verb)＋목적어(Object)＋목적어(Object)
5형식 문장	주어(subject)＋동사(verb)＋목적어(Object)＋보어(Complement)

1형식 문장
S+V

> 1형식 문장은 주어+동사로 이루어진 문장을 말하는 거야.

예문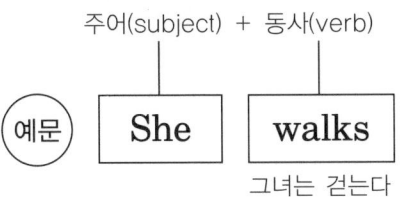

주어(subject) + 동사(verb)

She walks
그녀는 걷는다

She = 주어(우리말의 ~은 ~는 ~이 ~가에 해당되는 명사)

walks = 동사(walk가 주어 She에 맞춰 변화한 것)

> She가 주어이고 walks가 동사다. 이 문장 형식의 동사는 대부분 목적어가 필요 없는 자동사가 들어가지.

> 자동사 말이에요?

> 예를 들면 She walks만으로 의미가 통하는 동사를 말하는 거지.

- He runs
- They return

이런 식으로 말이죠.

2형식 문장
S+V+C

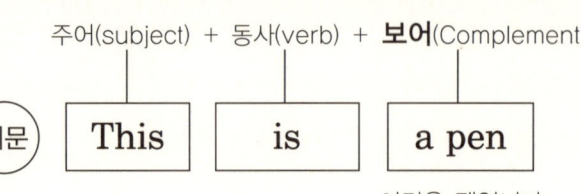

2형식 문장은 주어+동사+보어로 이루어진 문장을 말하는 거야.

주어(subject) + 동사(verb) + **보어**(Complement)

예문 | This | is | a pen |

이것은 펜입니다

This = 주어(우리말의 ~은 ~는 ~이 ~가에 해당되는 명사)
is = 동사(be 동사의 주어가 This(삼인칭 단수)에 맞춰 변화한 것)
a pen = 보어(주어가 a pen임을 나타낸다)

주어와 동사에 보어라는 것이 추가되었군요.

A is B라는 형태가 이 문장 형식의 기본인데, 주어가 무엇인지, 어떤 상태인지 나타내는 것이 보어야.

이 문장 형식에서 많이 사용되는 '주어가 어떤 상태인가'를 나타내는 동사에는 다음과 같은 것들이 있지.

seem(~인 것 같다), feel(~느끼다, sound(~처럼 들리다), look(~처럼 보인다), smell(~한 냄새가 나다), taste(~한 맛이 나다), become(~가 되다), remain(계속 ~이다), turn(어떤 나이·시기가 되다)

이 단어는 일상적으로는 많이 사용하지만 객관성이 중시되는 논문에서는 잘 사용하지 않는다.

3형식 문장
S+V+O

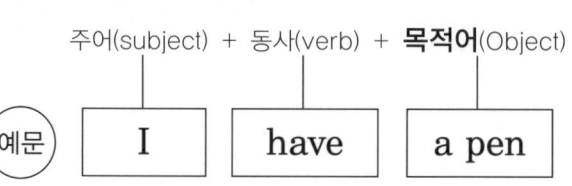

3형식은 주어+동사+목적어로 이루어진 문장을 말하는 거야.

주어(subject) + 동사(verb) + **목적어**(Object)

예문 | I | have | a pen |

나는 펜을 갖고 있습니다.

I = 주어(우리말의 ～은 ～는 ～이 ～가에 해당되는 명사)
Have = 동사
a pen = 목적어(우리말의 '～을 ～를'이나 '에게'에 해당되는 명사)

2형식에서 보어가 들어갔던 자리에 목적어가 오는군요.

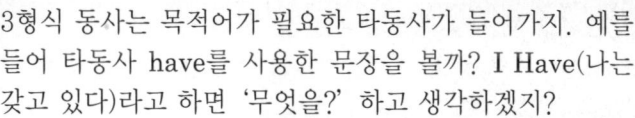
3형식 동사는 목적어가 필요한 타동사가 들어가지. 예를 들어 타동사 have를 사용한 문장을 볼까? I Have(나는 갖고 있다)라고 하면 '무엇을?' 하고 생각하겠지?

그야 그렇지요.

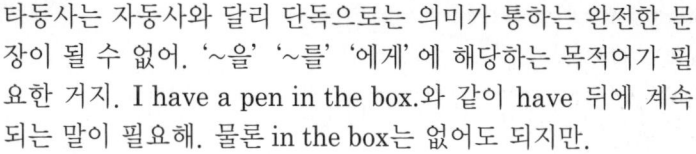
타동사는 자동사와 달리 단독으로는 의미가 통하는 완전한 문장이 될 수 없어. '～을' '～를' '에게'에 해당하는 목적어가 필요한 거지. I have a pen in the box.와 같이 have 뒤에 계속되는 말이 필요해. 물론 in the box는 없어도 되지만.

(S) (V) (O)
I love you
도 그런 종류인가요?
그렇기는 하지

4형식 문장
S+V+O+O

4형식은 주어+동사+목적어 +목적어로 이루어진 문장을 말하는 거야.

주어(subject) + 동사(verb) + 목적어(Object) + 목적어(Object)

예문 | I | give | her | a present

I = 주어(우리말의 ~은 ~는 ~이 ~가에 해당되는 명사)
give = 동사
her = 간접목적어(우리말의 '~에게'에 해당되는 말)
a present = 직접목적어(우리말의 '~을' '~를'에 해당되는 말)

간접목적어 다음에 직접목적어가요?

그런 말을 외우기보다는 '~에게' '~을' '~를'의 형태를 이해해 두는 것이 좋지.
아무리 긴 문장도 동사 뒤에 목적어가 두 개 오면 동사 바로 뒤의 명사를 '~에게'로 해석하고 그 뒤에 오는 명사를 '~을' 또는 '~를'로 해석하면 되는 거야.

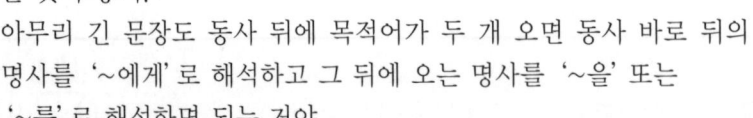

5형식 문장
S+V+O+C

> 마지막으로 5형식은 주어+동사+목적어+보어로 이루어지지!

주어(subject) + 동사(verb) + 목적어(Object) + 보어(Complement)

예문: | I | think | the girl | attractive |

나는 그 여자를 매력적이라고 생각한다.

- I = 주어(우리말의 ~은 ~는 ~이 ~가에 해당되는 명사)
- think = 동사
- the girl = 목적어(우리말의 '~을' '~를'에 해당되는 말)
- attractive = 보어(목적어가 무엇인가, 어떤 상태인지 나타내는 명사나 형용사)

> 으응~ 4형식과 구분하기가 좀 어려워요…

> 구분하는 방법은 목적어 = 보어의 관계가 성립하는지 보면 되는 거야. 5형식 문장 I think the girl attractive.의 경우, girl = attractive는 성립하잖아?
> 그렇지만 4형식 I give her a present에서는 her = present가 성립하지 않지.

S+V+O+C의 예
- make A B (A를 B로 한다),
- keep A B leave A B (A를 B 상태로 그대로 둔다)
- think A B, find A B, believe A B,
- consider A B, suppose A B (A를 B라고 생각한다)

(S) Curry (V) makes (O) me (C) happy!

엇! 언제 차그가 들어온 거야

문장 형식을 찾아보자

여기서는 만화 속에서 나온 영어문장의 주어(S), 동사(V), 목적어(O), 보어(C)를 찾아보겠습니다. 독해에서 중요한 곳에 밑줄을 그어두었습니다. 이 부분의 어디가 주어이고 어디가 동사인지 생각해 보세요. ( )에 기호를 넣어 보기 바랍니다. 만화 속에서 중요부분이라 밑줄을 그은 부분만 답하면 됩니다.

Advertisement (hereafter ad) is an essential element of a market economy.
　　　　1( )　　　　　2( )　　　　　　　　　3( )

💡힌트 이것은 전형적인 A is B 패턴입니다.

So the ads tend to be positioned in the high attention placement.
　　4( )　　5( )　　　　　　6( )

💡힌트 be 동사+positioned(동사의 과거분사형)로 보아 수동문임을 알 수 있습니다. 동사의 목적어가 무엇일까요?

However, the ads can be the most frustrating factor for Internet users.
　　　　　7( )　8( )　　　　9( )

💡힌트 조동사 can이 있는 A is B의 패턴입니다.

When the ads are inserted in the high attention placement, they reduce
　　　　　　　　　　　　　　　　　　　　　　　　　　　　10( ) 11( )

the readability of news articles.
　　　12( )

💡힌트 reduce의 뜻을 알지요? 타동사라는 것도요. 동사를 잘 아는 것이 중요합니다.

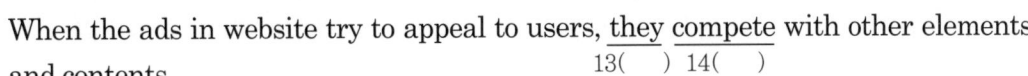

When the ads in website try to appeal to users, they compete with other elements
                                                    13( ) 14( )
and contents

like articles, headlines, illustrations, etc., that are also place on the websites.
힌트 compete는 '경쟁하다'는 의미의 자동사로 쓰였다는 것을 알아야 합니다.

It   is   also important to consider what kind of impressions are evoked
15( ) 16( )   17( )   15'( )
by the ads when they draw the reader's(user's) attention.
힌트 It is to 구문이라는 것을 알아야 합니다.

Previous studies assumed that the attention level and impression level of
    18( )   19( )   20( )
ads in news websites are in a trade-off relation,
                      20( )
힌트 assume은 이와 같은 형태로 '~라 추측하다'는 뜻의 타동사로 많이 쓰입니다.

and analyzed the attention level and the impression level of the ads from the
    21( )   22( )
힌트 analyze는 '~를 분석하다'는 의미의 타동사입니다. 동사를 잘 알아야 합니다.

viewpoint of the multi-objective optimization.
In this study, we also explore the effective placements of ads, which simultaneously
                       23( ) 24( )   25( )
achieves the highest attention levels,
힌트 explore라는 동사를 알고 있습니까?

the highest impression levels, and the high readability. We pursue this goal by
                                                          26( ) 27( )   28( )
힌트 pursue라는 동사를 알고 있습니까?

conducting experiments in which participants view a variety of page layouts of news websites. In this study, we conducted psychological experiments to explore
                             29( )   30( )   31( )

the effective placement of ads in new websites.

힌트 conduct라는 동사를 알고 있습니까?

We used six kinds of ad categories.
32( ) 33( )   34( )

힌트 use라는 동사는 다들 알고 있지요.

We conducted three types of psychological experiments in order to explore
35( ) 36( )   37( )

effective placements of ads in new website.

다음은 show와 indicate라는, 기술 영어논문에서 많이 사용하는 동사입니다.

Table 1 shows the result of experiment 1.
38( ) 39( )   40( )

This result indicates that the eyes move across the ads
41( )   42( )   43( )

when ads are located at positions close to the news articles being read by the user.

Table 2 shows the result of experiment 2. This result is conflicting the result of
44( ) 45( )   46( )   47( ) 48( ) 49( )

experiment 1.

Table 3 shows the result of experiment 3.
50( ) 51( )   52( )

These results indicate that the level of attention achieved is in negative correlation
      53( )   54( )   55( )

to readability.

다 마쳤습니까? 답은 다음과 같습니다.

1.S	2.V	3.C	
4.S	5.V	6.C	(단, 이 문장은 수동문이므로 주어는 동사의 목적어입니다)
7.S	8.V	9.C	
10.S	11.V	12.O	
13.S	14.V		
15.S	16.V	17.C	15´.S (to 부정사 이하는 가주어 it의 내용을 나타냅니다)
18.S	19.V	20.O	(that절 안에도 SVC의 구문이 들어 있다는 점에 주의해야 합니다)(주어는 18번과 같다)
21.V	22.O		
23.S	24.V	25.O	
26.S	27.V	28.O	
29.S	30.V	31.O	
32.S	33.V	34.O	
35.S	36.V	37.O	
38.S	39.V	40.O	
41.S	42.V	43.O	(that절 안에도 SV의 구문이 들어 있다는 점에 주의해야 합니다)
44.S	45.V	46.O	
47.S	48.V	49.C	
50.S	51.V	52.O	
53.S	54.V	55.O	(that절 안에도 SVC의 구문이 들어 있다는 점에 주의해야 합니다)

단어 의미를 알고 문장 구조를 알면 정확하게 우리말로 옮길 수 있습니다.
다음은 이 예문을 해석한 것입니다. 만화 부분에서 중요 부분으로 처리한 곳은 밑줄이 그어져 있습니다.

광고(이하 ad)는 시장 경제의 필수 요소이다. 그래서 광고는 주목도가 높은 위치에 게재하는 경향이 있다. 그러나 인터넷 사용자에게 광고는 가장 번거로운 요인일 수 있다. 주목도가 높은 위치에 게재되면 광고는 뉴스 기사의 가독성을 떨어뜨린다.
웹 사이트의 광고가 사용자에게 호소하려고 할 경우, 광고는 기사나 헤드라인, 삽화 등 웹 사이트상의 다른 요소와 경쟁하게 된다. 독자의 관심을 끄는 광고가 어떤 인상을 불러일으킬지 고려하는 것도 중요하다.

기존 연구에서는 뉴스 사이트상의 광고의 주목도와 인상도는 트레이드 오프(이율배반적인) 관계에 있다고 가정해, 다목적 최적화 관점에서 광고의 주목도와 인상도를 분석했다.

이 연구에서, 우리도 또한 높은 주목도와 인상도와 높은 이해도를 동시에 만족시키는 광고 배치를 탐구한다. 우리는 참가자들이 다양한 레이아웃의 뉴스 사이트 페이지를 보는 실험을 수행함으로써 이 목표달성을 추구한다.

이 연구에서는 새로운 웹 사이트에 광고를 효과적으로 배치하기 위한 심리 실험을 실시했다.

우리는 여섯 종류의 카테고리를 사용했다.

뉴스 사이트에서 효과적인 광고 게재 위치를 탐색하기 위해 우리는 세 가지 유형의 심리 실험을 실시했다. 표 1은 실험 1의 결과를 나타낸 것이다. 이 결과는 광고가 사용자가 읽는 뉴스 기사와 가까운 위치에 있을 때 시선이 광고 위를 지나간다는 것을 나타낸다. 표 2는 실험 2의 결과를 보인 것이다. 이 결과는 실험 1의 결과와 서로 대립된다. 표 3은 실험 3의 결과를 나타낸 것이다. 이 결과는 주목도와 가독성이 부정적 상관관계임을 나타낸다.

1장에서 단어 지식의 중요성에 대해 언급했는데 역시 단어 실력, 특히 동사 실력이 문장의 구조를 파악하는 데 중요하다는 것을 알았을 것입니다. 동사를 중심으로 주어와 목적어를 찾는 데 익숙해지면 중요한 부분을 간추려 읽을 수 있게 됩니다.

3장

기술 영어를 쓰기 전 시작 단계

1. 요지를 직역해 본다

1. 서론
인터넷이 보급된 현재 인터넷 광고의 의의는 커졌다.
인터넷 여명기에는 클릭률(Click-through rate, CTR)을 지표로 한 반응 효과가 중시되었으나 최근에는 광고가 상품 이미지에 미친 영향 등을 지표로 한 인상 효과가 주목받고 있다. 특히 뉴스 사이트는 신문을 보는 것보다도 쉽게 원하는 정보를 찾을 수 있기 때문에 이용하는 유저가 많아, 거기에 삽입되는 광고 효과에도 기대가 모아지고 있다. 그러나 광고를 배치하는 곳은 상부 배치형이나 우측 가로 배치형이 많은데, 웹사이트를 많이 보는 이용자는 광고 배치하는 곳을 이미 알고 있기 때문에 광고 주목도는 적어지고 있다. 하지만 한편 주목을 끄는 곳에 광고를 배치하면 기사 내용에 따라서는 광고에 대한 인상이 나빠질 가능성이 있는데다 뉴스 사이트 본래의 이용 목적인 뉴스 기사를 읽기 어려워져 뉴스 사이트 자체의 인상도 나빠질 가능성이 있다. 이와 같이 한쪽이 향상되면 다른 한쪽이 악화로 이어질 가능성이 있는 관계를 트레이드 오프 관계라고 하는데, 이 연구에서는 광고의 주목도와 인상도, 뉴스 사이트의 편의성이라는 상반되는 세 목적에 대해 다목적 최적화 기술을 적용해 최적의 디자인을 추구한다.

2. 방법
이 연구는 광고의 주목도와 인상도의 두 가지 목적에 뉴스 사이트의 읽기 쉬움(편리성)이라는 새로운 요인을 추가해 세 가지 목적에 의한 최적 디자인을 추구한다.

그림 1 : 이 실험의 실험 자극(생략)

그림 1처럼 실험 자극 10가지 패턴을 실험 참가자에게 설문용지를 나눠주고 평가하게 한 다음, 안구운동 측정장치를 이용해 주목도를 측정해 그 결과 얻은 '주목도 데이터', '인상도 데이터', '편리성 데이터'로부터 최적의 디자인을 구한다.

3. 실험
이 실험에서는 실험 참가자 한 사람 당 광고 배치 10가지 패턴을 이용한 뉴스 사이트 12개를 무작위로 보여준다.

실험 1 안구운동 측정장치를 사용해 광고에 대한 시선정지 횟수와 시간을 측정해 시선정지 데이터를 얻었다.

실험 2 뉴스 사이트를 보여주고 광고에 대한 인상을 평가하게 해서 인상 데이터를 얻었다. 질문은 '인상이 좋다-나쁘다' '상품을 갖고 싶다-갖고 싶지 않다' '상품이 좋다-싫다'의 세 항목으로 각각 항목을 +3에서 -3으로 평가를 하게 했다.

실험 3 뉴스 사이트를 보여주고 뉴스 사이트의 편리성을 평가하게 해서 편리성 데이터를 얻었다. 질문항목은 예비실험에 이해 선정된 '보기 쉽다-보기 나쁘다' '구성을 알기 쉽다-알기 어렵다'의 2항목으로, 각 항목을 +3에서 -3으로 평가하게 했다.

4. 결과와 고찰
파레토 최적 해집합 판정식을 사용해 최적의 디자인을 판정한 결과 다음 6개가 최적의 디자인으로 판정되었다.

5 결론과 앞으로의 과제
뉴스 사이트에서 많이 사용되는 광고 배치는 이 연구에서 구한 최적의 디자인에는 포함되지 않아 현재의 광고는 최적이 아니라는 것을 알 수 있다.
이 연구의 최종 목적은 기사 내용이 마이너스 인상인 경우에 광고상품 카테고리를 고려해 광고를 가장 적합한 배치로 자동으로 삽입되는 시스템을 구축하는 것이다.

1. 서론

인터넷이 보급된 현재 인터넷 광고의 의의는 커졌다.

인터넷 여명기에는 클릭률(Click-through rate, CTR)을 지표로 한 반응 효과가 중시되었으나 최근에는 광고가 상품 이미지에 미친 영향 등을 지표로 한 인상 효과가 주목받고 있다. 특히 뉴스 사이트는 신문을 보는 것보다도 쉽게 원하는 정보를 찾을 수 있기 때문에 이용하는 유저가 많아, 거기에 삽입되는 광고 효과에도 기대가 모아지고 있다. 그러나 광고를 배치하는 곳은 상부 배치형이나 우측 가로 배치형이 많은데, 웹사이트를 많이 보는 이용자는 광고 배치하는 곳을 이미 알고 있기 때문에 광고 주목도는 적어지고 있다. 하지만 한편 주목을 끄는 곳에 광고를 배치하면 기사 내용에 따라서는 광고에 대한 인상이 나빠질 가능성이 있는데다 뉴스 사이트 본래의 이용 목적인 뉴스 기사를 읽기 어려워져 뉴스 사이트 자체의 인상도 나빠질 가능성이 있다. 이와 같이 한쪽이 향상되면 다른 한쪽이 악화로 이어질 가능성이 있는 관계를 트레이드 오프 관계라 하는데, 이 연구에서는 광고의 주목도와 인상도, 뉴스 사이트의 편의성이라는 상반되는 세 목적에 대해 다목적 최적화 기술을 적용해 최적의 디자인을 추구한다.

2. 영어로 바꾸기 쉬운 우리말 쓰기

우선 한 문장을 가능한 한 짧게 쓰는 거야.

가능한 한 짧게요…

술술 읽을 수 있는 영어문장은 한 문장에 25단어라고 하거든. 그러니까 옮겼을 때 그 정도의 단어가 되게 우리말로 써 보는 거야.

우리말로 해도 분명 읽기 쉬워질 거야.

가독 범위 25단어 한 문장

영문 한 문장에 25단어라… 우리말이라면 어느 정도일까…

예를 들면 아까 옮겨놓은…

특히 뉴스 사이트는 신문을 보는 것보다도 쉽게 원하는 정보를 찾을 수 있기 때문에 이용하는 유저가 많아, 거기에 삽입되는 광고 효과에도 기대가 모아지고 있다.

…라는 문장

구두점을 넣으면 78자나 되네.

네에…?

> **원래 문장**

특히 뉴스 사이트는 신문을 보는 것보다도 쉽게 원하는 정보를 찾을 수 있기 때문에 이용하는 유저가 많아, 거기에 삽입되는 광고 효과에도 기대가 모아지고 있다.

'~원하는 정보를 찾을 수 있다'는 곳에서 문장을 자르면 좋겠는데~

특히 뉴스 사이트는 신문을 보는 것보다도 쉽게 원하는 정보를 찾을 수 있다.
그렇기 때문에 이용하는 유저가 많아, 거기에 삽입되는 광고 효과에도 기대가 모아지고 있다.

그래. '그렇기 때문에'라는 접속사로 시작하는 문장이 되도록 자르는 거지. 그런 식으로 계속해 봐.

> **원래 문장**

인터넷 여명기에는 클릭률을 지표로 한 반응 효과가 중시되었으나 최근에는 광고가 상품 이미지에 미친 영향 등을 지표로 한 인상 효과가 주목받고 있다.

'중시되었으나' 부분이 접속사 역할을 하니까 거기서 자르면 좋겠어요!

인터넷 여명기에는 클릭률을 지표로 한 반응 효과가 중시되었다.
그러나 최근에는 광고가 상품 이미지에 미친 영향 등을 지표로 한 인상 효과가 주목받고 있다.

1형식 문장	주어(subject)＋동사(verb) 예문) She walks.
2형식 문장	주어(subject)＋동사(verb)＋보어(Complement) 예문) This is a pen.
3형식 문장	주어(subject)＋동사(verb)＋목적어(Object) 예문) I Have a pen
4형식 문장	주어(subject)＋동사(verb)＋목적어(Object)＋목적어(Object) 예문) I give her a present.
5형식 문장	주어(subject)＋동사(verb)＋목적어(Object)＋보어(Complement) 예문) I think the girl attractive.

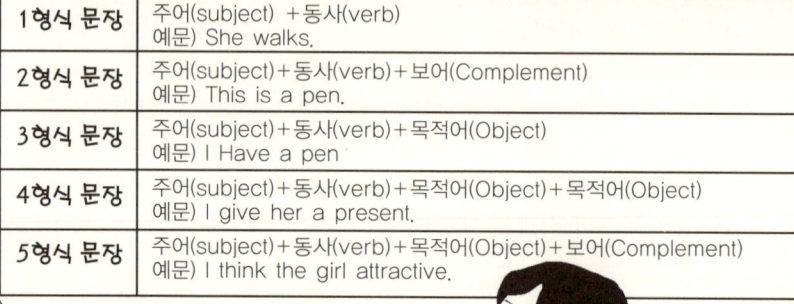

> **원래 문장**
>
> 특히 뉴스 사이트는 신문을 보는 것보다도 쉽게 원하는 정보를 찾을 수 있기 때문에 이용하는 유저가 많아, 거기에 삽입되는 광고 효과에도 기대가 모아지고 있다.

이 문장도 기니까 우선은 접속사가 있는 곳에서 나눠서…

변경

특히 뉴스 사이트는 신문을 보는 것보다도 쉽게 원하는 정보를 찾을 수 있다.
그렇기 때문에 이용하는 유저가 많아, 거기에 삽입되는 광고 효과에도 기대가 모아지고 있다.

다음에 동사와 주어를 명확히 하면 위의 문장은 '찾을 수 있다'가 동사인데, 주어는 뭐지? 뉴스 사이트가 아니고 나나 당신도 아니고…?

이럴 경우에는 '우리가'를 주어로 해두면 된다.

역시! 그러면
'특히 뉴스 사이트는 우리가 신문을 보는 것보다도 쉽게 원하는 정보를 찾을 수 있다.' 가 되는 거죠!

'찾을 수 있다'는 '~을 찾을 수 있다' 식으로 목적어가 있기 마련이다. 그러니까 이 문장에서는 '원하는 정보를'이라는 부분이 목적어라는 것을 확인하고 표시해 두면 영어문장으로 옮길 때 편리하다.
구체적으로 영어의 5가지 형식에 비추어 목적어를 표시하면 이렇게 되지.

특히 뉴스 사이트는 <u>우리가</u> 신문을 보는 것보다도 쉽게 <u>원하는 정보를</u> <u>찾을 수 있다</u>.
　　　　　　　　　S　　　　　　　　　　　　　　　　O　　　　V

어? 그런데 주어에 해당하는 ~는 ~가가 두 개나 있어 우리말로는 좀 어색한 느낌이 드는데요…?

잘 지적했어! 그래, '뉴스 사이트는'의 '는'을 어떻게 할 것인지가 문제다. 사실 '~는' '~가' '~를' '~에'처럼 조사로 나타내는 부분이 동사와의 관계에서 어떤 역할을 하는지 알기 쉽게 해줘야 하거든.

그러면…?

예를 들면 '뉴스 사이트'가 '찾을 수 있다'라는 동사와의 관계에서 하는 역할은 보다 정확하게 나타내야 하겠지. 그러려면 '뉴스 사이트에서는'라는 식으로 정보를 찾는 '장소'로서의 역할을 한다는 것을 명확히 해두면 문장의 의미가 모호해지는 일이 없지.

영어문장을 쓸 때 어떤 전치사를 쓰는 것이 좋을 지를 생각하는 것도 중요한 거지.

영어 전치사를 잘 구분해 사용하기란 어렵지요…

그래. 그렇기 때문에 우리말의 조사로 표현하는 부분을 정확하게 나타내서 영어 전치사로 쉽게 바꿀 수 있는 문장을 쓰는 게 좋아.

지금까지 알려준 내용을 반영시키면 이렇게 되겠네요!

특히 뉴스 사이트에서는
우리가 신문을 보는 것보다도 쉽게 원하는 정보를 찾을 수 있다.
　S　　　　　　　　　　　　　　　　　　O　　　　　　V

영어로 표현하기 쉬운
우리말을 써보자

만화 속에서 나온 졸업논문의 요지를 영어로 바꾸기 쉬운 문장으로 바꿔 보세요. 다음과 같은 순서로 하면 됩니다.

Step 1 한 줄에 들어갈 정도로 짧은 문장으로 쓴다.
Step 2 2장에서도 언급했지만 동사를 중심으로 문장의 구조를 파악한다. 없어도 의미가 통하는 곳은 괄호로 묶는다.
Step 3 어디가 주어이고 어디가 동사에 해당하는지 명확히 한다. 그러면 영어로 옮기기가 쉽다. 여기서 동사는 실제로 영어로 표현했을 때 동사로 나타낼지 어떨지는 신경 쓸 필요가 없다. 주어와 서술어 정도를 파악하는 방법으로 하면 되지만 가능하면 목적어도 체크한다.

그럼, 시작해 보겠습니다.

<u>인터넷이 보급된 현재 인터넷 광고의 의의는 커졌다.</u>

↓

현재, <u>인터넷</u>은 <u>보급되었다</u>. <u>인터넷 광고의 의의</u>는 <u>커졌다</u>.
　　　　S　　　　　　V　　　　　　S　　　　　　　V

<u>인터넷 여명기에는 클릭률을 지표로 한 반응 효과가 중시되었으나 최근에는 광고가 상품 이미지에 미친 영향 등을 지표로 한 인상 효과가 주목받고 있다.</u>

↓

인터넷 여명기에는 <u>클릭률을 지표로 한 반응 효과</u>가 <u>중시되었다</u>.
　　　　　　　　　　　　　S　　　　　　　　　　　　V (수동문)

그러나 최근에는 <u>인상 효과</u>가 <u>주목받고 있다</u>.
　　　　　　　　　　S　　　　V (수동문)

<u>인상 효과</u>는 광고가 상품 이미지에 미친 영향 등을 <u>지표로 한다</u>.
S(앞의 S와 같으므로 관계대명사로 나타낼지도?)　　O　　　V

＊앞의 S와 같으므로 관계대명사로 앞의 구문과 연결해 쓸 수 있습니다. 이 문장은 수동문으로 표현하는 것이 좋다, 등등 우리말 문장을 쓸 때 영어로 바꿀 경우를 의식해서 쓰는 것이 좋습니다.

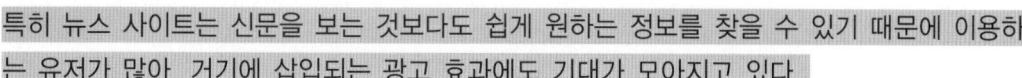

특히 뉴스 사이트는 신문을 보는 것보다도 쉽게 원하는 정보를 찾을 수 있기 때문에 이용하는 유저가 많아, 거기에 삽입되는 광고 효과에도 기대가 모아지고 있다.

↓

특히 뉴스 사이트에서는 우리가 신문을 보는 것보다도 쉽게 원하는 정보를 찾을 수 있다.
　　　　　　　　　S　　　　　　　　　　　　　　　　O　　　　V

그렇기 때문에 뉴스 사이트를 이용하는 유저가 많다.
　　　　　　　　　S　　　　　　　　V

또한 뉴스 사이트에 삽입되는 광고 효과는 매우 기대되고 있다.
　　　　　　S　　　　　　　　　　V (수동문)

그러나 광고를 배치하는 곳은 상부 배치형이나 우측 가로 배치형이 많은데, 웹사이트를 많이 보는 이용자는 광고 배치하는 곳을 이미 알고 있기 때문에 광고 주목도는 적어지고 있다.

↓

광고가 배치하는 곳 대부분은 상부 배치형이나 우측 가로 배치형이다.
　　　　S　　　　　　　　　　　　V (A는 B이다, 그러니까 SVC 문장 형식인가?)

웹사이트를 많이 보는 이용자는 광고 배치하는 곳을 이미 알고 있다.
　　　　　S　　　　　　　　　O　　　　V

그렇기 때문에 광고 주목도는 점점 적어진다.
　　　　　　S　　　　V

하지만 한편 주목을 끄는 곳에 광고를 배치하면 기사 내용에 따라서는 광고에 대한 인상이 나빠질 가능성이 있는데다 뉴스 사이트 본래의 이용 목적인 뉴스 기사를 읽기 어려워져 뉴스 사이트 자체의 인상도 나빠질 가능성이 있다.

↓

한편 광고가 주목을 끄는 곳에 배치될 때에는 기사 내용이 광고의 인상을 나쁘게 할 수도 있다.
　　　　　　　　　　　　　　　　　S　　　O　　　　V

게다가 (뉴스 사이트 본래의 이용 목적인) 뉴스 기사가 읽기 어려워질 수도 있다.
　　　　　　　　　　　　　　　　　　S　　　　V

뉴스 사이트의 인상도 나빠질 수 있다.
　　　S　　　　V

이와 같이 한쪽이 향상되면 다른 한쪽이 악화로 이어질 가능성이 있는 관계를 트레이드 오프 관계라 하는데, 이 연구에서는 광고의 주목도와 인상도, 뉴스 사이트의 편의성이라는 상반되는 세 목적에 대해 다목적 최적화 기술을 적용해 최적의 디자인을 추구한다.

↓

한쪽의 향상이 다른 한쪽을 악화시킬 수 있는 관계는 트레이드 오프 관계라 불린다.
　　　　　　　　S　　　　　　　　　　　　　　　　　　　V　(수동문?)

이 연구는 상반되는 세 목적에 대해 다목적 최적화 기술을 적용한다.
　S　　　　　　　　　　O　　　　　　　　　　　V

그 세 목적은　　　　　광고의 주목도와 인상도, 뉴스 사이트의 편의성이다.
　　S (앞의 S와 같으므로 관계대명사인가?)　　V (A는 B이다, 그러니까 SVC 문형인가?)

그리고 이 연구는 최적의 디자인을 추구한다.
　　　　S　　　　　O　　　V

그림 3과 같은 실험 자극 10가지 패턴을, 실험 참가자에게 설문용지를 나눠주고 평가하게 한 다음, 안구운동 측정장치를 이용해 주목도를 측정해 그 결과 얻을 수 있는 '주목도 데이터', '인상도 데이터', '편리성 데이터'로부터 최적의 디자인을 구한다.

↓

우리는 실험 참가자에게 그림 3과 같은 실험 자극 10가지 패턴을 평가하게 한다.
　S　　　　　O　　　　　　　　　　O　　　　　　　　　　　V

우리는 안구운동 측정장치를 이용해 주목도를 측정한다.
　S　　　　　　　　　　　　　　O　　V

우리는 얻은 '주목도 데이터', '인상도 데이터', '편리성 데이터'로부터 최적의 디자인을
　S　　　　　　　　　　　　　　　　　　　　　　　　　　　　　　　　O
구한다.
　V

이 실험에서는 실험 참가자 한 사람 당 광고 배치 10가지 패턴을 이용한 뉴스 사이트 12개를 무작위로 보여준다.

↓

이 실험에서는 각 실험 참가자는 광고 배치 10가지 패턴을 이용한 뉴스 사이트 12개를 무작위로 보여준다.
　　　　　　　　S　　　　　　　　　　　　O　　　　　　　　　　　　V

실험 1 : 안구운동 측정장치를 사용해 광고에 대한 시선정지 횟수와 시간을 측정해 시선정지 데이터를 얻었다.

↓

실험 1 : 우리는 안구운동 측정장치를 사용해 광고에 대한 시선정지 횟수와 시간을 측정했다.
　　　　　S　　　　　　　　　　　　　　O　　　　　　　　　　　　V

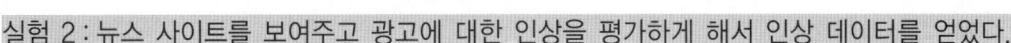

실험 2 : 뉴스 사이트를 보여주고 광고에 대한 인상을 평가하게 해서 인상 데이터를 얻었다.

↓

실험2 : 우리는 실험 참가자에게 뉴스 사이트를 보여주고 광고에 대한 인상을 평가하게 했다.
　　　　　S　　　　　　　　　　　　O　　　　　　V　　　　　　O　　　　　　　V

그 결과 우리는 인상 데이터를 얻었다.
　　　　　S　　　　O　　　V

질문은 '인상이 좋다-나쁘다', '상품을 갖고 싶다-갖고 싶지 않다', '상품이 좋다-싫다' 의 세 항목으로 각각 항목을 +3에서 -3으로 평가를 하게 했다.

↓

질문은 '인상이 좋다-나쁘다', '상품을 갖고 싶다-갖고 싶지 않다', '상품이 좋다-싫다'의 세
　S　　　　　　　　　　　　　　　　　　　　　　V (A는 B이다, 그러니까 SVC 문형인가?)
항목이었다.

실험 참가자는 각 항목을 +3에서 -3으로 평가했다.
　　　S　　　　　O　　　　　　　　　V

실험 3 : 뉴스 사이트를 보여주고 뉴스 사이트의 편리성을 평가하게 해서 편리성 데이터를 얻었다.

↓

실험 3 : 우리는 실험 참가자에게 뉴스 사이트를 보여주고 뉴스 사이트의 편리성을 평가하
　　　　　S　　　　　　　O　　　　　　　　　　V　　　　　　　O　　　　　　　V
게 했다. 그 결과 우리는 편리성 데이터를 얻었다.
　　　　　　　　　　S　　　　O　　　V

질문항목은 예비실험에 의해 선정된 '보기 쉽다-보기 나쁘다', '구성을 알기 쉽다-알기 어렵다'의 2항목으로, 각 항목을 +3에서 -3으로 평가하게 했다.

↓

질문항목은 '보기 쉽다-보기 나쁘다', '구성을 알기 쉽다-알기 어렵다'의 2항목이었다.
　　S　　　　　　　　　　　　　　　　　　　V (A는 B이다, 그러니까 SVC 문형인가?)

이들 두 항목은　　　　　　　예비실험에 의해 선정되었다.
　　S (앞의 구문과 같으니까 관계대명사인가?)　　　V(수동문?)

파레토 최적 해집합 판정식을 사용해 최적의 디자인을 판정한 결과 다음 6개가 최적의 디자인으로 판정되었다.

우리는 파레토 최적 해집합 판정식을 사용해 최적의 디자인을 판정했다.
　S　　　　　　　　　　　　　　　　　　　　　O　　　　　V

그 결과 우리는 다음 6개를 최적의 디자인으로 판정했다.
　　　　S　　　O　　　　　　　　　　　　　V

*이 문장은 수동문으로 해도 좋겠지만 앞 문장의 주어와 일치시키는 것이 좋은 경우도 있습니다.

뉴스 사이트에서 많이 사용되는 광고 배치는 이 연구에서 구한 최적의 디자인에는 포함되지 않아 현재의 광고는 최적이 아니라는 것을 알 수 있다.

뉴스 사이트에서 많이 사용되는 광고 배치는 이 연구에서 구한 최적의 디자인에는 포함되지 않았다.
　　　　　　　　　　　　S　　　　　　　　　　　　　　　　　　　　　　V (수동문)

이 연구의 최종 목적은 기사 내용이 마이너스 인상인 경우에 광고상품 카테고리를 고려해 광고를 가장 적합한 배치로 자동으로 삽입되는 시스템을 구축하는 것이다.

↓

이 연구의 최종 목적은 광고를 가장 적합한 배치로 자동으로 삽입되는 시스템을 구축하는 것이다.
　　　　　S　　　　　　　　　　V (A는 B이다, 그러니까 SVC 문형인가?)

이 시스템은 기사 내용이 마이너스 인상인 경우에 광고상품 카테고리를 고려한다.
　　S(앞의 구문과 같으니까 관계대명사인가?)　　　　　　　O　　　　　V

이상, 영어문장으로 바꾸기 쉬운 글이 되었습니까?

연구실에서도 자신이 쓴 부정확한 글을 영어로 옮기려고 애쓰는 학생을 볼 때가 있습니다. 그들이 작문한 영어논문은 대부분 무슨 말을 쓰려고 했는지 알 수가 없습니다. 그래서 영어와 함께 우리말로 쓴 문장도 제출하게 하는데, 그 우리말도 비논리적인 문장인 경우가 많습니다. 주어가 무엇이고 목적어가 무엇인지도 알 수 없는 부정확한 우리말을 영어로 옮기기 어려운 것은 당연합니다. 게다가 그와 같은 우리말 문장이 몇 행에 걸쳐 이어져 있기라도 하면 더 이상 의미를 알 수 없는 주술문이 돼 버립니다. 먼저 영어 문장 형식에 적용하기 쉬운 주어와 목적어가 명확하고 간결한 글을 쓰는 일부터 시작하기를 권합니다.

4장

중학교 수준의 문법으로 기술 영어를 써본다

1. 능동문과 수동문

수동문 만드는 법은 간단하다!

Jihyun broke the mug.라는 문장으로 수동문을 만들어보자.

Jihyun broke the mug.

단계 1 능동문의 목적어를 수동문의 주어로 바꾼다.
   the mug ▶ The mug

단계 2 능동문의 동사를 be+동사의 과거분사 형태로 바꾼다.
   broke ▶ was broken

이때 주어의 인칭과 수(이 경우 The mug는 3인칭 단수)와 시제(이 경우 과거)에 주의해 be 동사를 적절한 형태로 바꾼다.

단계 3 능동문의 주어를 by 뒤에 놓는다.

이 예문은 Jihyun이므로 형태는 신경 쓰지 않아도 되지만 she라는 대명사를 전치사 뒤에 놓을 경우엔 her로 바꾼다. 다만 ~에 의해라는 것을 나타내는 by 이하는 누가 어떻게 했는지를 명시하지 않기 때문에 수동문을 쓰는 거다. 그러니까 나타내지 않아도 되는 것일 때가 많은 거지.

The mug was broken by Jihyun.

실제 기술 영어에서는 이런 식으로 사용해.

예문 1) Our system is built in a personal computer.

능동문이면, We build our system in a personal computer.라고 해야겠지.
근데 말하고 싶은 건, 누가 그렇게 했느냐가 아니라 '우리의 시스템이 퍼스널 컴퓨터에 구축되어 있다'고 하는 거니까 수동문으로 하는 쪽이 좋은 거야.

예문 2) The results are shown in Table 1.

능동문이라면 We show the results in Table 1. 이지만, 누가 결과를 표 1에 나타냈는지 자명하고, '결과는 표 1에 나타나 있다'고 하는 것을 알면 되니까 수동문이 좋아.

다음 예문은 좀 생각할 필요가 있긴 하지만.

예문 3) The efficiency of our method was verified by the experimental data.

수동문이라면 The experimental data verified the efficiency of our method. 가 되지만 이 경우에는 능동문이든 수동문이든 상관없다. 어느 쪽이 좋은지는, '우리 기법의 유효성이 실증되었다'는 것을 말하고 싶은지, '기법의 유효성을 검증할 수 있는 실험 데이터'가 중요한 것인지로 판단하면 될 테니까. 전자라면 수동문으로 하고, 후자라면 능동문으로 쓰는 것이 낫다.

수동문으로 하는 것이 좋은지 어떤지 판단하기가 좀 어려울 것 같은데요…

기술 영어에서 수동문이 가장 많이 사용되는 건, '결과'를 보이는 절이지. 특히 도표가 등장하는 곳인데, 거기서 예문 2와 같은 수동문을 적극적으로 사용하는 게 좋아.

> 일반적인 영어에서 흔히 사용하는 부사구에는 다음과 같은 것이 있지.

1. 조건, 수단, 방법을 나타낼 경우
   우리말로는 '~한다면, ~에 의해'라고 옮긴다.

   > The bus will take you to the station.
   > 이나 Five minutes' walk will bring you to the park.은 이 패턴이니까
   > '버스를 타면, 역에 갈 수 있다', '5분 걸으면 공원에 갈 수 있다'고 해석하면 자연스런 문장이 된다.

2. 원인, 이유를 나타낼 경우
   '~때문에, ~의 이유로'라고 해석한다.

> The heavy rain forced us to stay at home.은 '비가 많이 와서 우리는 집에 있어야만 했다'고 옮기면 자연스럽다.

> 우리말에서는 보통 동작의 주체가 주어이기 때문에 스스로 움직이지 못하는 무생물이 주어가 되는 일은 없잖아요.

> 영어에서는 무생물도 사건을 일으킨 인과관계의 출발점이면 주어가 될 수 있어. 그러니까 동작을 할 수 없는 무생물도 주어의 위치에 올 수가 있는 거지.

아까 예로 든 것은 일반적인 영어에서 많이 사용되는 무생물 주어의 패턴이다. 기술 영어에서 많이 쓰는 무생물 주어에는 다음과 같은 패턴이 있다.

'〜에서는'라고 옮기는 타입

This paper argues that~ = In this paper, We argue that~
이 논문에서는 〜라는 것에 대해 알아본다

This paper deals with~ = In this paper, We deal with~
이 논문에서는 〜에 대해 다룬다

This study shows that~ = In this study, We show that~
이 연구에서는 〜라는 것을 제시한다

많이 나올듯한 것들이네요.

2. 관계대명사

 관계대명사

 먼저 대부분의 경우 that을 쓰면 되고, that을 생략하기도 한다.

예) The control programs (that) we made for the experiment are very effective.

그 실험을 위해 우리가 만든 제어 프로그램은 매우 효과적이다.

 그런데, 선행사에 최상급이나 서수, the first, the very, the same, the only, all, every, no, any 등이 붙어 강하게 한정되거나 선행사가 강조되었을 때는 which를 쓰지 않고 that을 써야 한다.

예) This is the only method that makes it possible.
이것은 그것을 가능하게 하는 유일한 방법이다.

 그럼 which를 쓰지 않고 언제나 that을 쓰면 되잖아요?

 그렇지는 않지. that이 아니라 which를 쓰는 일도 있으니까. 기본적으로는 다음 두 경우뿐이지만 기술 영어에서는 많이 사용되니까 알아두는 게 좋아.

제4장 중학교 수준의 문법으로 기술 영어를 써본다 **117**

관계대명사
which 사용 경우

1. 앞의 문장에 뭔가 설명을 덧붙이는 경우. 모든 관계대명사의 비제한 용법

    예) The previous research says that the material contains oxidized iron, which is not the case.

    선행 연구에서는 그 소재가 산화된 철을 포함시켰다고 하지만 그것은 진실이 아니다.

    예) The computer, which was installed in 2000, does not work anymore.

    그 컴퓨터는 2000년에 도입된 것이지만 이제 더 이상 움직이지 않는다.

2. in which, for which, at which 등 관계대명사 앞에 전치사가 필요한 경우.

    예) There are cases in which this rule does not apply.

    이 규칙이 적용되지 않는 사례가 있다.

which를 사용하는 건, 앞의 문장에 뭔가 설명을 덧붙일 경우와 관계대명사 앞에 전치사가 필요한 경우군요! 알겠습니다!

이 제품은 입력이 간단한 편집기를 내장한 노트북 컴퓨터이며, 키보드에 익숙하지 않은 사람이라도 간단히 명령을 입력할 수 있습니다.

이거 내가 해볼게!

그럴 필요 없는데…

아니

1 이 제품은 노트북 컴퓨터입니다.
2 이 제품에는 텍스트 편집기가 내장되어 있습니다.
3 이 텍스트 편집기를 사용하면 키보드에 익숙하지 않은 사람이라도 간단히 명령을 입력할 수 있습니다.

괜찮을까!?

한 문장에 한 정보

영어로 옮기기 쉽다

엑설런트!

지현이보다도 우리말을 더 잘 하는 것 같아!?

Yeah!

에그…

왜 수현 선배가 자랑스러워해요…!

엥——어

미안! 계속하자.

지현이도 잘하지

차그 대단해!

그럼 짧은 문장으로 나눈 우리말을 영어로 옮겨보는 거다. 문장 ③에는 무생물 주어를 사용해 보고.

1. This product is a laptop computer.
2. This product has a built in text editor.
3. The editor allows an inexperienced typist to enter a command easily.

이것으로 됐습니까?

글쎄. 이대로는 좀 부족하지. 다시 정리할 필요가 있는데, 먼저 ①과 ②를 연결시켜 보자. 여기서는 전치사 with를 사용하면 되는데, 전치사에 대해서는 나중에 설명해 줄게.

1 This product is a laptop computer.
2 This product has a built in text editor.
+
with

This product is a laptop computer │ with │ a built in text editor.
　　　　　　　①　　　　　　　　　　연결하는 전치사　　　②

제4장 중학교 수준의 문법으로 기술 영어를 써본다　121

다음은 ③을 어떻게 연결할 것인가가 문제다. '이 텍스트 편집기를 사용하면'을 앞 문장에 연결할 수 있다.
이건 앞 절에 뭔가 설명을 덧붙이는 형태가 되는 것이니까 관계대명사를 사용하면 된다. 여기서는 which를 사용해야겠지.

① + ② This product is a laptop computer with a built-in text editor

③ The editor allows an inexperienced typist to enter a command easily

같은 거네요.

This product is a laptop computer with　a built-in text editor　which~
　　　　　　　　　　　　　　　　　　선행사　　　　관계대명사

마지막에, '텍스트 편집기'를 주어로 한 문장을 잇는다.
즉, The editor allows an inexperienced typist to enter a command easily.라는 무생물 주어 문장을 관계대명사로 이은 거야.

This product is a laptop computer with　a built-in text editor　which~
　　　　　　　　　　　　　　　　　　선행사　　　　관계대명사
allows an inexperienced typist to enter a command easily.
　　　　　　　선행사를 설명

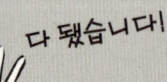

다 됐습니다!

3. 정관사와 부정관사 / 전치사

영어의 전치사도 이와 같은 거야.
어떤 이미지인가를 설명해 두지.

전치사	이미지	기본적인 용례	기술 영어논문의 용례
in	뭔가 안에 있다.	in the corner 모퉁이를 공간으로 취급해 그 안에 있는 이미지	In this paper, we propose~ 이 논문에서는, In conclusion, in summary, ~ 결론에서는, 요약에서는,
at	좁은 점 ×	at the corner 모퉁이를 점으로 받아들였다.	This study aims at exploring ~ 이 연구는 ~를 조사하는 것을 목표로 한다. 점으로서의 목표 용법이 있다.
on	표면 접촉 위에 놓여 있다.	walk on tiptoe 발끝을 세워 걷다.	On the assumption that ~, ~라는 가정에서 based on ~ 등 '에 근거하여' 면 위에 올려 있는 듯한 의존의 의미에서 사용
by	근접 거리가 가깝다.	live by the river 강 바로 옆에 살고 있다.	We explore by the experiment 등 '실험에 의해 조사하는' 매개, 수단의 의미로 사용
with	함께 있다 연결	go to school with a friend 친구와 함께	with a few exceptions 등 '소수의 예외를 제외하고' '소수 예외가 있다' 는 의미
for	목표를 향하다.	leave for Japan 일본을 향해 출발하다.	We provide a clue for understanding ~ '이해를 위한 단서를 제공한다' 는 의미

제4장 중학교 수준의 문법으로 기술 영어를 써본다 129

전치사	이미지	기본적인 용례	기술 영어논문의 용례
to	도달점에 향하다. 도달점을 가리키다.	go to school 학교에 간다.	To verify the results, ~ '결과를 검증하기 위해' 등 목적의 의미에서 사용되기도 한다.
of	전체에서 분리 전체의 일부	a tail of a dog 개의 일부로서의 꼬리	5 percent of 100 materials, average of ratings '100 소재 중 5퍼센트' '평가치의 평균' 어떤 것의 부분 등 다양하게 사용
from	기점, 출발점 (기점에서 떨어지다)	Come from Japan 일본 출신	From the results '결과로부터'
under	아래에 있다.	Under the table 테이블 아래에 있다.	Under assumption of '~라는 가정 하에'
over	위를 건너다.	Jump over the river 강 위를 건너다.	Over the decades 수십 년에 걸쳐
about	주변에 있다 주위	about the lake 호수 주변	Think about~ '~대해 생각한다'

제4장 중학교 수준의 문법으로 기술 영어를 써본다

기술 영어논문에서
흔히 사용되는 무생물 주어

만화 속에서 수현이 지현이에게, 우리말에서는 보통 주어가 되지 않는 무생물이 영어에서는 주어가 되는 경우가 많다고 했죠. 우리말에서는 '5분의 도보가 당신을 공원에 데려다 줍니다.'라는 예언자(?) 같은 이상한 문장이 됩니다. 하지만 영어에서는 Five minutes' walk will bring you to the park.라고 흔히 말합니다.
이와 같은 영어와 우리말은 사물을 포착하는 방법에서 차이가 납니다.
이케가미 요시히코(池上嘉彦) 교수의 저서 『'하다'와 '되다'의 언어학』 속에서 영어는 '한다'고 표현하는 언어인데 반해 일본어는 '된다'고 표현하는 언어라고 소개되어 있습니다. 예를 들면 영어에서는,

> We are going to get married in June. 우리는 6월에 결혼한다.

라고 표현하는 것이 자연스러우나 일본어에서는

> 우리, 6월에 결혼하기로 되었다.

라고 표현하는 일이 흔히 있다는 거죠. 또한 영어에서는

> Spring comes. 봄이 온다.

고 표현하지만 일본어에서는

> 봄이 된다.

라고 표현하기도 합니다.
즉 영어는 동작의 주체를 중심으로 사물을 포착하는 데 반해 일본어에서는 누군가 의도한 일이라는 의미를 배제하고, 결혼한다는 사건이 당사자의 의도를 뛰어넘은 레벨에서 저절로 된 것처럼 표현하기를 좋아합니다. 영어에서는 동작의 주체를 나타내는 주어가 원칙적으로 필요한 데 반해 일본어에서는 '봄이 된다'처럼 '무엇이'라는 부분을 나타내지 않고 주어가 생략되는 경우도 많습니다. 이것도 사물을 포착하는 방법의 차이에서 나옵니다.
영어는 '개체에 주목'해 말하는 데 반해 일본어는 '전체적인 상황에 주목'하며 말합니다. 이런 차이는 영어에서는 '사물'로서 취급하는 대상을 일본어에서는 '사항'으로 취급한다는 차이에서도 나타납니다. 예컨대 Do you love me?를 직역한, 너는 나를 좋아해? 라는 직설적인 표현보다는 '나에 대해 좋아하니?'라고, 말하는 대상을 흐려서 말하기를 좋아합니다. 또한 만화 속의 '1. 능동문과 수동문'에서 '나는 흥미가 있다'라고 말하고 싶었는데, I am interesting(나는 재미있는 사람이다)고 말해 버렸다고 하는 지현이의 실패담이 나옵니다. 이 같은 표현이 우리에게 어려운 것도 영어와 우리말에는 '한다' 대 '된다' 라는 사고의 차이가 있기 때문입니다. 영

제4장 중학교 수준의 문법으로 기술 영어를 써본다   133

어에서는 어떤 사건이 생겼을 때 원인이 된 것을 중심으로 포착하려고 합니다. 예를 들면 우리 말에서는 '흥미가 생기다' '흥분하다' '놀라다' 처럼 감정이 자연히 생긴 것처럼 표현합니다. 하지만 영어에서는 이와 같은 감정을 생기게 한 '원인' → '흥미를 일게 하다' → '사람이 흥미를 갖다' 식으로 표현합니다. '사람'이 놀랄 경우에도 반드시 '놀란 원인'이 있어, 그것이 '사람'을 '놀라게 했다'는 방식을 취합니다. 그러니까 영어에서는 '원인 surprise 사람'이 기본이어서, 사람을 주어로 했을 때는 surprise의 목적어가 주어가 되기 때문에 수동문이 되고, 사람 is surprised by 원인이라는 형태를 취합니다.

영어에서는 인과관계의 원인을 중심으로 파악합니다. 그리고 그 원인이 주어가 되는 경향이 있습니다. 유아는 밥공기를 던져 깨뜨리거나 일부러 스푼을 떨어뜨리기도 하고 쌓아놓은 재목을 무너뜨리거나 장난감을 눌러보기도 하는 등 인과관계를 연습합니다. 자신이 직접 대상에 힘을 가해 (원인) 대상에 변화를 생기게 하는 (결과)의 경우가 전형적인 예입니다. 영어에서는 그 변화가 생기게 한 목표를 달성하는 사람이 주어입니다. Jihyun broke the mug. 라는 문장이 만화 속에서 나옵니다. 지현이 의도한 일인지 아닌지 모르지만 머그컵이 깨진 결과를 만든 건 지현입니다. 이처럼 사람이 주어가 되는 것은 전형적인 예입니다. 우리말을 포함한 대부분의 언어에서 사람은 동작의 주체로서 주어가 될 수 있습니다. 영어에서는 무생물이라도 마치 사람인 것처럼 의인화해서 표현하는 경우가 많습니다. 또한 인과관계의 원인이 자연스럽게 주어가 되기도 합니다. 만화 속에서는 무생물이 주어가 되는 예로서 원인을 꼽았는데, 무생물을 주어로 쓴 문장에는 사역동사를 많이 씁니다. 우리말로 옮길 때는 만화에서도 설명한 것처럼 부사로 취급하면 자연스러운 경우가 많습니다.

- make A do(사역)

    This medicine will make you feel better.
    이 약은 당신을 더 기분 좋게 만들 것입니다.
    ⇒ 이 약을 먹으면, 당신은 더 기분이 좋아질 것입니다.

- force A to do / compel A to do(강제)

    The heavy rain forced us to stay home.
    심한 비는 우리들에게 집에 머물기를 강요했다.
    ⇒ 폭우로 우리는 집에 있어야 했다.

- allow A to do(허가)

    The computer allows us to store a lot of information.
    컴퓨터는 우리가 많은 정보를 저장하는 것을 허용한다.
    ⇒ 컴퓨터 덕에 우리는 많은 정보를 저장할 수가 있다.

- cause A to do(원인)

  Her overwork caused her to get ill.

  과로가 그녀를 병이 나게 했다.

  ⇒ 과로 탓에 그녀는 병에 걸렸다.

- enable A to do(가능하게 하다)

  The new method enables us to process data more easily.

  그 새로운 수법은 우리가 데이터를 보다 용이하게 처리하는 것을 가능하게 한다.

  ⇒ 그 새로운 방법에 의해 우리는 데이터를 보다 쉽게 처리할 수 있다.

이 외에도 일반적인 영어의 무생물 주어 구문에서 흔히 사용되는 동사로서는 다음과 같은 것이 있습니다.

- prevents A from doing / keep A from doing / stop A from doing

  ~하는 것을 막는다→~할 수 없다, 하지 않는다

- remind A of B(A에게 B 생각이 나게 하다)

  A에게 B 생각이 나게 하다→A가 생각해내다

- take A to B / bring A to B / lead A to B

  A를 B에게 데리고 가다→A가 B에게 가다

- A tells B / A shows B

  A가 B에게 전하다, 보이다→A에 의해 B가 알다

다음에는 기술 영어논문에서 이용할 수 있는 무생물 주어 문장의 특징을 예문으로 설명하겠습니다. 그대로 사용해 보기 바랍니다.

① Introduction(서론)과 Conclusion(결론)에서 흔히 사용되는 표현

This study나 This paper, This research, This article은 Introduction(서론)에서 '이 연구는 ~한다'는 의미로, 무생물 주어를 씁니다. We를 주어로 쓴 곳은 거의 대부분이라 할 정도로 '이 연구'를 주어로 할 수 있으므로 적극적으로 사용해 보기를 권합니다. '이 연구'를 주어로 하면 결과를 낳는 원인으로써 '이 연구가 무엇을 가능하게 하는가' 라는 논문의 의의를 나타내는 효과가 있습니다. 결론에서는 이하에 든 표현을 과거형으로 해서 '이 연구가 무엇을 가능하게 했는가' 라는 의미가 되도록 쓰는 경우도 있습니다.

- This study proposes a new method to achieving the goal of~.
  이 연구는 ~한다는 목표를 달성하기 위한 새로운 방법을 제안한다.
- This paper analyzes the characteristics of~
  이 논문은 ~의 특징을 분석한다.
- This article presents an overview of the theory.
  이 기사에서는 이론에 대한 개요를 제시한다.
- This study provides the following information.
  이 연구는 다음과 같은 정보를 제공한다.
- This study attempts to discover~.
  이 연구는 ~을 발견하려고 시도한 것이다.
- This paper investigates the factors that explain~.
  이 논문은 ~을 설명하는 요소들을 조사한다. *the factors도 explain의 무생물 주어
- This article shows that S+V
  이 논문은 ~라는 것을 보인 것이다.
- This research examines the effects of~.
  이 연구는 ~의 효과를 알아보는 것이다.
- This paper demonstrates that S+V
  이 논문은 ~라는 것을 논증하는 것이다.
- This paper argues/discusses that S+V
  이 논문은 ~라는 것에 대해 논의한다.
- This study develops a system of~.
  이 논문은 ~의 시스템을 구축한다.

② 선행 연구의 개요를 제시할 때 흔히 쓰는 표현

기본적으로 ①에서 예로 든 동사의 주어(This study, This paper, This research, This article)를 previous research(선행 연구)로 바꾸고, 현재완료형으로 하면 '선행 연구는 ~해왔다'고 하는 무생물을 주어로 쓴 문장이 됩니다. 그러면 선행 연구에서 무엇을 알게 되었고, 무엇을 알 수 없었는지 특징을 제시할 수 있습니다. 또한 구체적인 선행 연구명을 주어로 해서 쓸 수도 있습니다. 그때는 저서명(논문이 발표된 해), 예를 들면 (Sakamoto (2013))처럼 쓰기도 하는데 쓰는 법은 각자 독자적으로 쓰면 됩니다.

- The previous study proposed that S+V
  그 선행 연구는 ~를 제안했다.

- Previous studies have demonstrated / shown / presented that S+V
  선행 연구는 ~를 보여왔다.
- Previous studies have focused on~.
  선행 연구는 ~에 초점을 맞춰 왔다.
- Previous studies have paid little attention to~.
  선행 연구는 ~에 거의 주의를 기울이지 않았다.
- Previous studies have virtually ignored~.
  선행 연구는 사실상 ~를 무시해왔다.
- Other studies have concluded that S+V
  다른 연구에서는 ~라고 결론짓고 있다.
- This drives us to the question how S+V
  이것은 우리를 ~라는 문제로 데리고 간다(=이 점에서 ~라는 문제에 몰두하기에 이르렀다).

③ Methods(방법)이나 가설을 제시할 때 이용되는 표현
- This study employs the following approach.
  이 연구는 다음과 같은 접근법을 사용한다.
- This study allows participants to submit~.
  이 연구는 실험 참가자에게 ~를 제출하는 것을 허용한다. (=이 연구에서 실험 참가자는 ~를 제출할 수 있다.)
- This hypothesis rests on / upon the idea that S+V
  이 가설은 ~라는 생각에 입각하고 있다.

④ Results(결과)를 제시할 때 사용되는 표현
- The result shows that S+V
  그 결과는 ~라는 것을 보여준다.
- The result means that S+V
  그 결과는 ~라는 것을 의미한다.
- Table 1 shows that S+V
  표 1은 ~라는 것을 보여준다.
- Figure 1 illustrates / demonstrates that S+V
  그림 1은 ~라는 것을 보여준다.
- A glance at Figure 2 will reveal that S+V
  그림 2는 ~라는 것을 알려 준다(=그림 2를 보면 즉시 ~라는 것을 알 수 있다.)

- These results lead us to conclude that S+V
  이들 결과가 ~라는 것을 우리가 결론짓는 방향으로 이끈다.
  (=이들 결과로부터 우리는 ~라고 결론짓기에 이르렀다.)
- These results lead to the conclusion that S+V
  이들 결과가 ~라는 결론으로 이끈다.
- The result suggests/indicates that S+V
  그 결과는 ~라는 것을 시사하고 있다.
- These results make it clear that S+V
  이들 결과는 ~라는 것을 분명히 한다.

⑤ Discussion(고찰)과 Conclusion(결론)에서 잘 쓰는 표현
- The study sheds new light on~.
  이 연구는 ~에 새로운 빛을 비춰준다.
- This study will contribute to~.
  이 연구는 ~에 공헌할 것이다.

이와 같은 무생물 주어 문장을 잘 사용해서 세련된 기술 영어논문을 쓰기 바랍니다.

5장

템플릿을 사용하여 논문을 써보자

1. 기술 영어논문의 요약 패턴

본문 내용을 시작하기 전에
요약해 붙여둘 것

- Title(제목)
- Authors(저자명)
- Affiliation(소속)
- Abstract(요약)
- key words(키워드)

본문 구성

1. Introduction(서론)
2. Materials and methods(소재와 방법)

※ 2. Methods(방법)라는 장의 하위 섹션으로 다음과 같은 것이 계속되는 경우도 있다.

   2.1 Design of experiment(실험 설계)
   2.2 Materials(소재)
   2.3 Procedure(절차)

3. Result(결과)
4. Discussion(고찰)
5. Conclusion(결론)

Acknowledgments(감사의 말)
References(참고문헌)

   ※ 마지막으로 Appendix(부록)가 붙는 일도 있다.

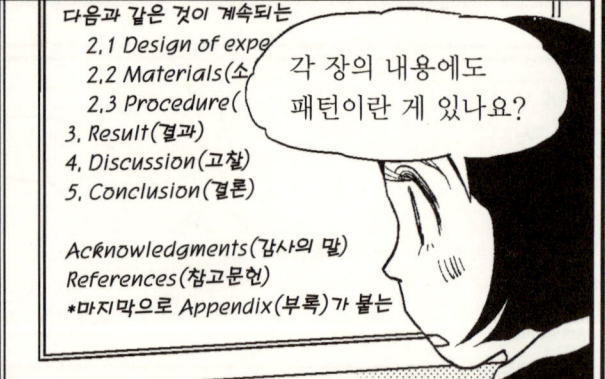

> 멋있는 논문 제목을
> 뽑기 위한 요령

1. 논문의 키워드를 가능한 많이 함축시킨다

   > 그러니까 제목은 마지막에 붙이는 것이 좋다고 아까 말했던 거야. 보통 인터넷에서 키워드로 논문을 검색하니까 논문의 특징을 나타내는 말을 넣어 어필하는 게 좋아. 논문 제목은 가게의 간판 같아서 아무리 내용이 좋아도 제목이 좋지 않으면 눈에 띄지 않거든.

2. 제목의 길이는 10 words 전후가 좋다.

   > 아무리 논문의 키워드를 많이 함축하고 있어도 15 words를 넘지 않아야 해. 길면 이해하기도 힘들고, 더구나 국제회의에서는 논문의 short title을 붙이기도 하는데 너무 길면 짧게 줄일 수가 없거든. 반대로 제목이 너무 짧으면 정보가 부족해 강한 인상을 줄 수가 없지. 그러니까 적당한 길이의 제목을 붙이는 것이 좋아.

3. 어느 논문에도 공통되는 자명한 단어는 생략한다.

   > 키워드를 가능하면 포함시키고 적당한 길이의 제목을 붙이기 위해서는 Study(연구), Analysis(분석), Investigation(조사) 등 정보량이 적은 단어는 사용하지 않는 게 좋아. 졸업논문이나 석사논문 제목으로 많이 사용하는 A Study of~(~의 연구)나 Study on~(~관한 연구) 도 국제발표 논문에서는 사용하지 않는 것이 좋지.

4. 관계대명사 등의 복잡한 문장은 사용하지 말고 명사의 나열이나 전치사, 하이픈(-)을 잘 사용해 간결하게 쓴다.

Abstract(요약)의 기본 규칙

1. 분량은 특별한 규정이 없을 경우, 100~200 words 전후로 한다.

> 최대 단어 개수는 투고 규정에 정해져 있는 경우가 많지만 아무런 규정이 없을 때는 100~200 words 전후로 하는 게 좋아.

2. 각 장마다 중요 포인트를 한 문장씩 정리하는 식으로 쓴다. 즉,

연구배경(선행 연구와 과제 등
  Introduction의 내용 ⇒ 1 sentence
연구목적 ⇒ 1 sentence
가설 ⇒ 1 sentence
연구방법 ⇒ 1 sentence
실험 내용 ⇒ 1 sentence
결과, 결론 ⇒ 1 sentence

… 정도로 정리한다.

이들 정보를 1 sentence 당 20~25 words로 쓰다보면

5 sentence×20~25 words=100~125 words가 된다.

이것을 기본으로 투고규정에 맞춰 조정한다.

2. 기술 영어논문의 본문 패턴

네...
논문의 의의를
배경에 넣으라고요?
폭넓은 분야 중에서 자신이
연구한 것이 어떤 자리에 있는지를
간결하게 전하는 것이 좋다는 거지.
그런 거예요?
그리고 분야에 따라 용어 사용법과
의미가 다를 수도 있으니까 오해받는
일이 없도록
각 용어를 어떤 뜻으로 사용했는지
확실히 정의해 두어야 해.
용어 △△△
XXXX의 의미로
사용
정의한다
그리고
논문에서 무엇을 다루고
무엇을 다루지 않았는지
이유와 함께 언급해두는 게 좋아.
뜻하지 않는 오해를 피하기
위해서 말이야.
카레
카레
고로케 카
가츠 카레
아줌마
카레 아주 맵게
해주세요.
5배로!
어유!
학생식당은
그런 것
없어.

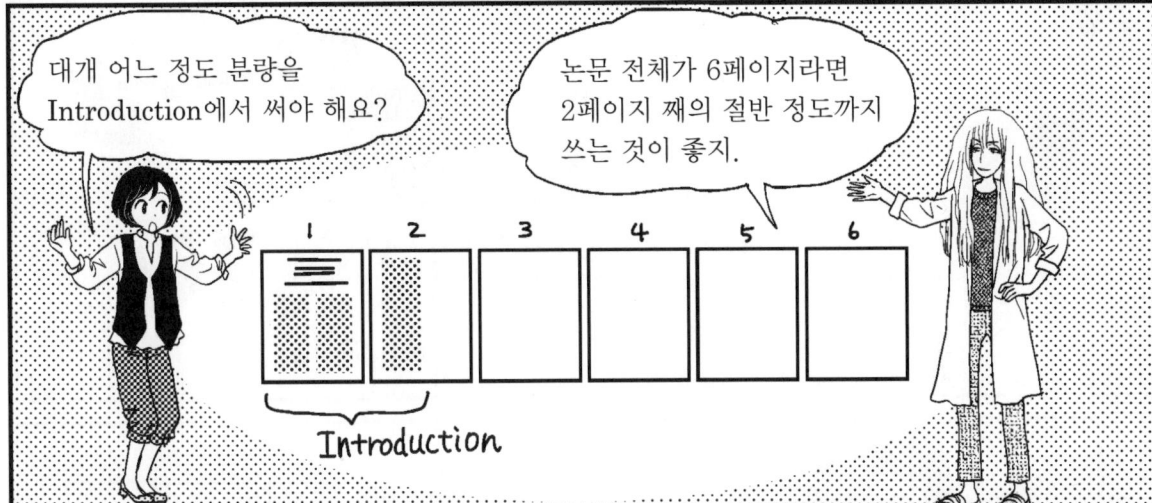

논문의 각 장에서 많이 쓰는 표현

만화 속에서 소개한 것처럼, 기술 영어논문은 다음과 같이 구성하는 경우가 많습니다. 여기서는 각 장에서 많이 사용하는 표현을 정리해 보았습니다.

1. Introduction(서론)
2. Materials and methods(소재와 방법)

혹은

2. Methods(방법)이라는 장의 하위 섹션으로 다음과 같은 것이 계속되는 경우도 있다.
   2.1 Design of experiment(실험 설계)
   2.2 Materials(소재)
   2.3 Procedure(절차)
3. Result(결과)
4. Discussion(고찰)
5. Conclusion(결론)

1. Introduction(서론)에서 많이 쓰는 표현

'선행 연구는 지금까지 ~해왔다' → '그러나, ~에 대해 아직 해명되지 않았다' → '그래서 이 연구에서는 ~하는 것을 목적으로 한다' 라는 문장의 흐름으로 쓰면 됩니다.

● '선행 연구가 해온 것'에 대한 표현
- Over the years a number of researches have studied ~.
  수년에 걸쳐서 많은 연구가 ~를 연구해왔다.
- Over the past few years (decades) a considerable number of studies have been on ~.
  지난 몇 년 (수십 년) 동안 상당한 연구가 진행되었다.
- Numerous attempts have been made by previous researches to show ~.
  이전의 연구에서 ~을 보여 주려는 수많은 시도가 있었다.
- In recent years, a lot of effort have been put into determining whether~.
  최근 ~가 어떤지 결정하기 위한 많은 노력이 있었다.
- has recently received broad attention.
  ~가 최근 주목을 받고 있다.
- The recent researches have thrown new light on~.
  최근 연구가 ~에 새로운 빛을 던져 주었다.

- There has been a growing interest in ~.
  ~에 대한 관심이 한층 높아졌다.
- Considerable attention has been paid to the research of ~.
  ~에 대한 연구에 많은 관심을 기울여왔다.
- Previous studies have focused on~.
  기존 연구는 ~에 초점이 모아졌다.
- There remains an ever-increasing interest and challenges to ~.
  ~에 대한 관심과 도전이 증가일로를 걷고 있다.
- ~has been widely studied in this field.
  ~는 이 분야에서 널리 연구되어 왔다.
- Previous research has suggested / shown / proposed / demonstrated that ~.
  선행 연구는 ~임을 시사하고 있다 / 보이고 있다 / 제안하고 있다 / 설명하고 있다.
- According to [선행 연구명], the first attempt to understand ~ was made by….
  [선행 연구명]에 따르면 ~를 이해하려는 최초의 시도는 ~에 의해 실시되었다.

● 해명되지 않은 점에 대한 표현

- No studies have ever tried to~.
  ~를 시도한 연구는 전혀 없었다.
- ~ has never been examined.
  ~는 전혀 연구되지 않았다.
- Little attention has been given to~.
  ~에는 거의 주의를 기울이지 않았다.
- has hitherto been ignored.
  ~ 는 지금까지 무시되어 왔다.
- Although a large number of studies have been made on ~, little is known about ~.
  ~에 관해서는 많은 연구가 이루어졌지만, ~에 대해서는 거의 알려져 있지 않다.
- However, previous studies have some limitations, such as~.
  그러나 선행 연구에는 ~같은 몇 가지 제약이 있다.
- However, the method has three fundamental problems : 1) ~, 2) ~, 3)~.
  그러나 그 수법에는 세 가지 기본적인 문제, 즉 1)~, 2)~, 3)~ 이 있다.
- As far as we know, there have been few reports about ~.
  우리가 아는 한 ~에 대한 보고는 거의 없었다.

● 이 연구의 목적에 대한 표현

- The purpose of this study is to~.
  이 연구의 목적은 ~하는 것이다.

- This paper deals with~.

  이 연구는 ~를 다룬다.
- This paper presents / shows / proposes / demonstrates / argues ~.

  이 논문은 ~를 제시한다 / 보인다 / 제안한다 / 설명한다 / 논의한다.
- The purpose here is to explore ~.

  여기서 목적은 ~를 탐구하는 데 있다.
- A major goal of this research is to ~.

  이 연구의 주된 목적은 ~하는 것이다.
- In this study ~ is investigated.

  이 연구에서는 ~를 조사하게 된다.
- In this paper, we presents / shows / proposes / demonstrates / argue~.

  이 논문에서 우리는 ~를 제시한다 / 보인다 / 제안한다 / 설명한다 / 논의한다.
- We hypothesize that ~.

  ~라고 가정한다.
- On the assumption that ~.

  ~라고 가정해서
- Granted / Given that ~.

  ~가정하면
- Let us assume that ~.

  ~라고 가정해 보자.

2. Methods(방법)에서 많이 쓰는 표현

● 실험에 관한 표현
- We conducted a psychological experiment where ~.

  우리는 심리실험을 실시했다. 이 실험에서는~
- The first experiment to investigate ~was conducted in····.

  ~를 조사하기 위한 최초의 실험은 ~에서 실시되었다.
- Thirty males and females participated in the experiment.

  30명의 남자와 여자가 실험에 참가했다.
- The material used in this study was obtained through ~.

  이 연구에서 사용한 소재는 ~를 통해 입수했다.
- The materials / Participants consisted of ~.

  그 소재 / 실험 참가자는 ~로 구성되었다.
- Five scales are used to measure ~.

  다섯 가지 척도가 ~를 계측하기 위해 사용된다.

● 조사에 관한 표현
- This study conducted a survey among 300 professionals.
  이 연구는 300명의 전문가를 대상으로 조사를 실시했다.
- The questionnaire was developed by the researcher in order to ~.
  설문은 ~하기 위하여 연구자에 의해 작성되었다.
- The children were interviewed individually in one of the three interview conditions.
  아이들은 3가지 인터뷰 조건 중 하나에서 개별적으로 인터뷰를 받았다.
- A 50-item questionnaire was developed and distributed to 1,000 students and 600 questionnaires were returned with a response rate of 60 percent.
  50개 항목의 설문지를 작성해 1,000명의 학생에게 배포한 결과, 600장의 설문지가 회수되어, 응답률은 60퍼센트였다.

● 계산·분석에 관한 표현
- A series of statistical tests have been performed to validate ~.
  ~검증하기 위해 일련의 통계학적 테스트를 실시했다.
- ~is calculated by….
  ~는 …에 의해 계산된다.
- Three-dimensional simulations are executed to clarify ~.
  ~를 명확히 하기 위해 3차원 시뮬레이션을 실시한다.
- The brief analytical process is as follows :
  Step 1 :
  Step 2 :
  Step 3 :
  간단한 분석 과정은 다음과 같다.
  　스텝 1 :
  　스텝 2 :
  　스텝 3 :

3. Result(결과)에서 많이 쓰는 표현

● 문장 안의 표현
- As a result, ~
  결과로서, ~
- Our results demonstrate / show / indicate ~.
  우리의 결과는 ~를 분명히 한다 / 보인다 / 시사한다.
- Figure X / Table X indicate / shows that ~.
  그림 X / 표 X는 ~를 시사한다 / 보여준다.
- We can represent ~ in a simple diagram as follows :
  다음과 같이 ~를 간단한 도표로 나타낼 수 있다.
- The results are presented in Table X.
  그 결과를 표 X에 나타낸다.
- Table X summarizes ~.
  표 X는 ~를 정리한 것이다.
- Figure X shows ~.
  그림 X는 ~를 보여준다.
- ~ is revealed in the following Figure.
  ~는 다음 그림에 나타나 있다.
- As Figure X indicate, ~
  그림 X가 나타낸 것처럼, ~
- The results of the experiment clearly show the following :
  1)
  2)
  그 실험결과는 다음과 같은 것을 단적으로 보여준다.
  1)
  2)

● 도표 설명에서 많이 쓰는 표현
table	표(Table 1, Table 2 등과 같이, 대문자로 시작하고 관사 없이 사용한다.)
column	란
figure	그림(Figure 1, Figure 2 등과 같이, 대문자로 시작하고 관사 없이 사용한다.)
diagram	도형
formula	공식
chart	도표(pie chart 원 그래프, bar chart 막대그래프, flow chart 흐름도)

graph　　　그래프(두 수량 사이의 상관관계를 꺾은선이나 곡선으로 나타낸 것)
histogram 도수분포표

- · dot 점
- * asterisk 별표
- ○ circle 원
- □ square 정사각형
- ▭ rectangle 직사각형
- △ triangle 삼각형
- → arrow 화살표
- \+ plus 플러스 기호
- − minus 마이너스 기호
- = equal 동일 기호
- --- broken line 실선
- ⋯ dotted line 점선
- / slash mark 사선

다음 네 가지는 보통 쌍으로 사용하기 때문에 복수형이다.

- ( ) parenthesis(-theses) / round bracket(s) 둥근 괄호
- [ ] bracket(s) / square bracket(s) 대괄호
- 〈 〉 angle bracket 꺽쇠 괄호
- { } brace(s) 중괄호

set / class / category / group 집합　subset 부부집합
proportion 비율

● 도표의 위치, 표를 가리키는 표현

- 패턴 1

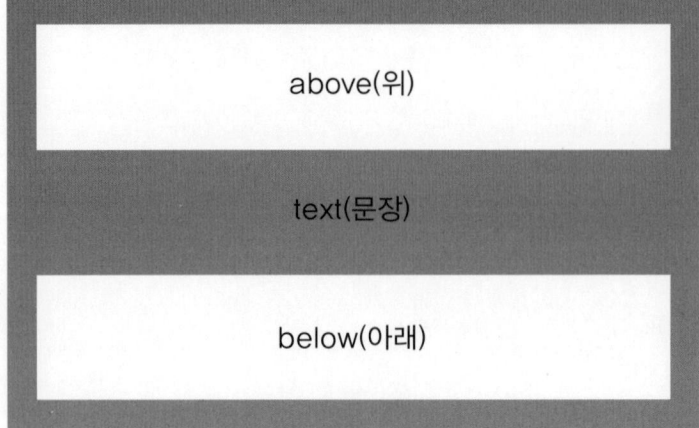

- 패턴 2

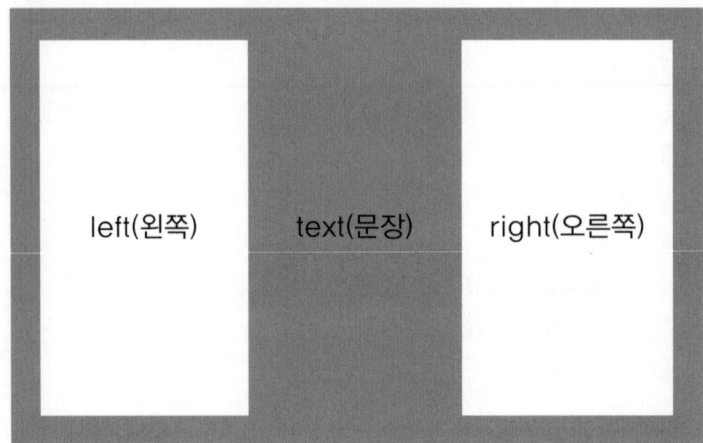

- 패턴 3

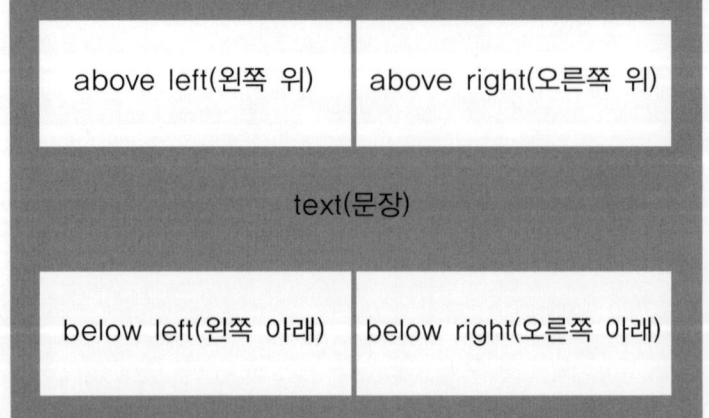

• 패턴 4

top left (상단 왼쪽)	top middle (상단 중앙)	top right (상단 오른쪽)
middle left (중앙 왼쪽)	middle/center (중앙)	middle right (중앙 오른쪽)
bottom left (하단 왼쪽)	bottom middle (하단 중앙)	bottom right (하단 오른쪽)

• 패턴 5

top(상단)
second from the top(위에서 두 번째 단)
middle/third from the top(한 가운데/위에서 세 번째 단)
second from the bottom(아래에서 두 번째 단)
bottom(하단)

• 패턴 6

left/ extreme left (왼쪽/ 왼쪽 끝)	second from the left (왼쪽에서 두 번째)	middle (한가운 데)	second from the right (오른쪽 에서 두번째)	right/ extreme right (오른쪽/ 오른쪽 끝)

예를 들면 ▣ 부분에 광고가 들어가는 레이아웃을 이런 식으로 말할 수 있다.

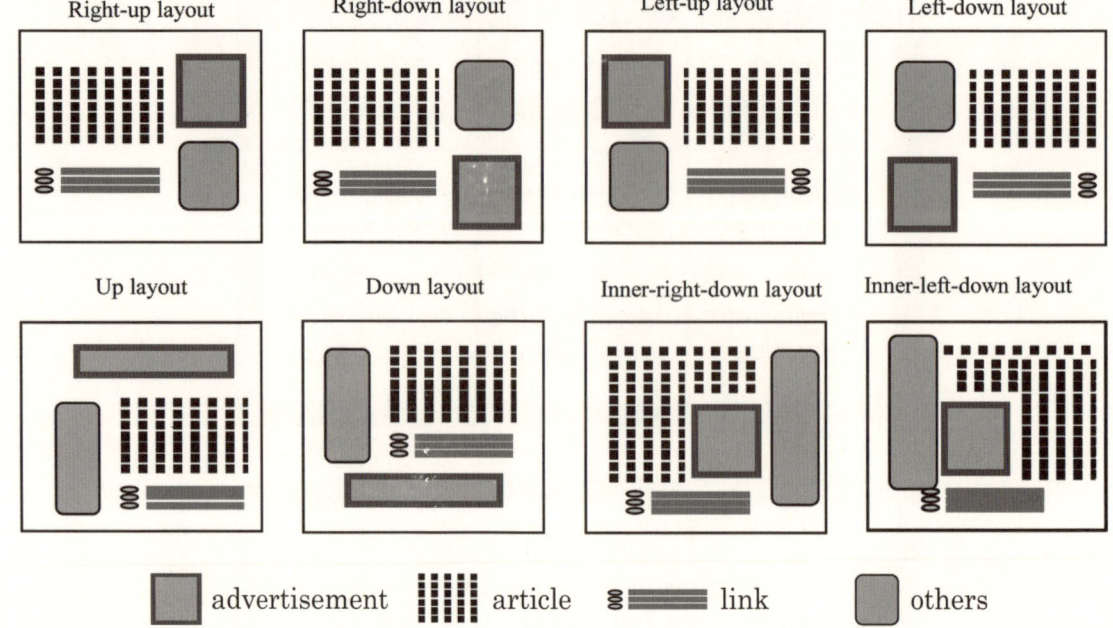

4. Discussion(고찰)과 Conclusion(결론)에서 흔히 쓰는 표현

- It is clear / obvious / possible / likely that ~.
  ~라는 것은 분명하다 / 명백하다 / 있을 수 있다 / 생각된다.
- The results prove clearly that ~.
  이들 결과는 ~라는 것을 확실히 증명하고 있다.
- It is not to be denied that ~.
  ~라는 것은 부정할 수 없다.
- Even if any doubt remains about ~, It is clear that ···.
  ~에 대해 의문은 남는다 해도 ~라는 것은 분명하다.
- Even if~, this does not affect the validity of···.
  ~이더라도 이것으로 인해 ~의 타당성은 영향을 받지 않는다.
- We may say that ~.
  ~라고 해도 된다.
- We can not say that ~.
  ~라고 할 수는 없다.

- It seems reasonable to conclude that ~.
  ~라고 결론짓는 것은 타당하다고 생각된다.
- This is a valid argument / assumption.
  이것은 유효한 논의/가정이다.
- One possibility is to assume that ~. Another possibility is ….
  한 가지 생각할 수 있는 것은 ~라는 것이다. 또 한 가지, ~라고도 생각할 수 있다.
- Given that ~, we can explain why ….
  ~을 감안하면, 우리는 왜 …인지 설명할 수 있다.
- Note that ~.
  ~라는 것을 유의해야 한다.
- We shall discuss it in detail.
  우리는 그것을 자세하게 검토할 것이다.
- We shall now look more carefully into ~.
  이제 우리는 ~를 더 주의 깊게 살펴보겠다.
- We shall concentrate / focus on ~.
  ~에 초점을 모을 것이다.
- Before turning to ~, we must pay attention to ~.
  ~에 돌리기 전에, ~에 주의를 기울여야 한다.
- This will lead us further into a consideration of ~.
  이것은 더욱 ~에 대해 고찰하도록 이끈다.
- Let us now attempt to extend the observation into ~.
  지금 이 고찰을 ~로 확장하고 싶다.
- We are now in a position to say ~.
  우리는 지금 ~라는 것을 말할 수 있는 단계에 있다.
- We are now ready to consider ~.
  우리는 지금 ~를 고찰할 준비가 되어 있다.
- Having observed ~, we can then go to consider ….
  ~를 고찰했기 때문에 다음에 …의 고찰로 나아갈 수 있다.
- It is not necessary for the purpose of this article to enter a detailed discussion of ~.
  이 논문의 목적에는 ~에 대해 자세하게 검토할 필요는 없다.
- To argue this point would carry us too far away from the purpose of this paper.
  이 점에 대해 논쟁하는 것은 이 논문의 목적에서 크게 벗어난다.
- ~ remain to be tested.
  ~는 앞으로 조사할 필요가 있다.
- It needs further consideration / discussion.
  그것에 대해서는 앞으로 검토/논의할 필요가 있다.

- Compared with existing studies, our method allowed ~.
  기존 연구에 비하면 우리 수법에서는 ~가 가능해졌다.
- Our method has the advantage of ~ in comparison with previous studies.
  우리의 기법은 기존 연구에 비하면 ~라는 장점이 있다.
- Our results are consistent with previous findings obtained by ~.
  우리의 결과는 ~에 의해 얻어진 종래의 발견과 일치한다.
- The results show that the proposed method is much better than classical method.
  그 결과는 제안한 기법이 기존 기법보다도 훨씬 뛰어나다는 것을 보여준다.
- The results of this study reveal that ~.
  이 연구의 결과는 ~라는 것을 나타낸다.
- These findings show that ~.
  이들 결과는 ~라는 것을 보여준다.
- The results lead to the conclusion that ~.
  이들 결과는 ~라는 결론에 이르게 한다.
- The following are the main findings of this study.
  다음은 이 연구의 주요 결과이다.

5. Conclusion(결론)과 앞으로의 과제에서 흔히 쓰는 표현

- In the future ~, also need to be discussed in more detail.
  앞으로 ~에 대해서도 보다 자세히 검토할 필요가 있다.
- A detailed analysis on ~ will be presented in future work.
  ~에 대한 자세한 분석은 앞으로 하는 연구에서 보이고 싶다.
- To further verify the results, future work should perform ~.
  이들 결과의 신빙성을 더 확인하려면 앞으로의 연구에서 ~을 해야 한다.

6장

기술 영어답게 쓰는 방법

제6장 기술 영어답게 쓰는 방법

1. 샘플을 잘 활용하자

이 논문에서는 국제회의에서 일반적으로 많이 취급하는 주제라서 선행 연구에 대한 소개를 하고 있는 거야.

Metaphor studies in the domain of cognitive science have paid little or no attention to adjective metaphors. Many existing studies have paid much attention to nominal metaphors such as "My Job is a jail" (e.g., Bowdle and Gentner (2005); Glucksberg (2001); Jones and Estes (2006); Utsumi (2007)) and predicative metaphors such as "He shot down all of my arguments" (e.g., Lakoff and Johnson (1980); Martin (1992)). Many studies focusing on synesthetic metaphors, including Werning, Fleischhauer, and Beseoglu (2006), have examined how the acceptability of synestheic metaphors can be explained by the pairing of adjective modifier's and head noun's modalities. Ullmann (1951), in a very early study on synesthetic metaphors, proposes a certain hierarchy of lower and higher perceptual modalities.
He claims that qualities of lower senses should preferentially occur in the source domain, while qualities of higher senses should be preferred in the target domain.
After Ullmann Wiliams (1976) makes a more differentiated claim of directionality, in which a similar order of sense modalities is proposed. Recently, Werning et al. (2006) explores the factors that enhance the cognitive accessibility of synesthetic metaphors for the German language. Very few studies, however, have attempted to explore how people comprehend synesthetic metaphors.

인지과학 비교연구는 형용사 비유에는 거의 주의를 기울이지 않았다. 대부분의 선행 연구는 '나의 연구는 형무소다' 같은 명사 비유나 '그는 나의 주장을 여지없이 박살냈다'는 식의 서술 비유에 주목해왔다. 공감각 비유에 착안한 연구 대부분은 공감각 비유의 인지도가 어떤 식으로 형용사와 명사의 조합에 의해 설명될 수 있는지에 대해 분석했다. 공감각 비유의 초기 연구인 Ullmann(1951)은 저차원과 고차원 감각의 계층성을 제안했다. 저차원 감각은 근원영역이 되고, 고차원 감각은 목표 영역이 되는 경향이 있다고 주장했다. 그 후 Williams(1976)는 보다 정교하고 치밀한 감각 간의 전용 방향성을 지적했다. 최근에는 Werning(2006) 팀이 독일어 공감각 비유의 용인 정도를 설명하는 요인을 조사했다. 그러나 사람이 어떻게 공감각 비유를 이해하는지를 명확하게 밝히려는 연구는 거의 없었다.

이것도 내가 모르는 것뿐인데…

이것도 바꿔 쓰면 되는 거야. 바꿀 곳은 이런 식이지.

[자신이 연구하는 대상] in the domain of [국제회의 분야명] have paid little or no attention to [자신이 주목해서 다루기로 한 연구 대상]. Many existing studies have paid much attention to [자신의 분야에서 활발하게 연구가 진행돼온 대상] such as [구체적인 예].(e.g. [선행 연구 열거]). Many studies focusing on [자신의 연구 대상], including [선행 연구], have examined [선행 연구의 abstract로부터 적절하게 그 내용을 설명한 문장을 사용한다]. [선구적인 선행 연구], in a very early study on [자신의 연구대상], proposes [그 선행 연구의 주장을 한 문장으로 정리한 선행 연구를 찾아 모방한다]. He claims that [그 선행 연구의 주장을 한 문장으로 정리한 선행 연구를 찾아 모방한다]. After [앞에서 소개한 선구적인 선행 연구], [다음으로 이어지는 대표적인 선행 연구 설명]. Recently, [최근의 대표적인 선행 연구] explores [그 선행 연구의 주장을 한 문장으로 정리한 선행 연구를 모방하든지, 없을 경우 그 선행 연구의 abstract에서 찾아본다]. Very few studies, however, have attempted to explore [선행 연구가 남긴 과제]

그렇군요~ [ ] 안에 적용시키면 되겠네요. 아무 것도 없는 상태에서 쓰는 것보다는 훨씬 편하겠어요!

그렇다면 다행이야. 이제 자신은 선행 연구와는 다른 어떤 연구를 하려는지 연구의 목적과 의의를 어필할 차례다.

In this study, we propose that experience-based event knowledge plays an important role in relating the intermediate category evoked by the adjective to the target concept expressed by the noun. Event knowledge has been recognized to be important for metaphor comprehension process by many scholars.

For instance, Lakoff and Johnson(1980) argues that··· As for synesthetic metaphors, Taylor(2003) argues that they cannot be reduced to correlations.

He argues that··· Unlike Taylor(2003), Sakamoto & Utsumi(2008) point out that there are a number of synesthetic metaphors which seemed to be based on correlations in experience. For example,··· However, Sakamoto and Utsumi(2008) did not verify their argument based on psychological experiment. In this study, we focus on experience-based event knowledge when we explore how people comprehend synesthetic metaphors.

이 연구에서는 경험 기반 사건 지식이 형용사에 의해 유발된 중개 범주를 명사로 표현되는 대상 개념과 관련시키는 데 중요한 역할을 한다고 제안한다. 많은 연구자들은 은유의 이해 과정에서 사건 지식이 중요하다고 인식했다.

예를 들면···공감각 표현과 관련하여, 상관관계로 축소될 수 없다고 하는, Taylor(2003)와는 달리, Sakamoto & Utsumi(2008)는 경험의 상관관계에 기반을 둔 공감각 표현이 많다고 지적했다. 예를 들면··· 그러나 Sakamoto & Utsumi (2008)는 심리 실험을 바탕으로 자신의 주장을 검증하지 않았다. 이 연구에서 우리는 사람들이 공감각 표현을 이해하는지 조사할 때 경험을 바탕으로 한 사건 지식에 초점을 맞춘다.

여기도 아까와 마찬가지로 부분적으로 바꿔 쓸 수가 있지.

In this study, we propose that [자신의 연구에서 제안할 것]. [키워드가 되는 개념 설명]. For instance, [그 개념의 선구적 선행 연구] argues that [그 선구적 선행 연구에서 말하는 것]. As for [자신의 연구대상], [그 연구대상에 그 개념을 사용한 선행 연구] argues that [그 선행 연구의 주장]. He argues that [그 선행 연구의 주장 설명]. Unlike [앞의 문장의 선행 연구], [앞의 문장의 선행 연구와 다른 주장을 한 선행 연구] point out that [그 선행 연구의 주장]. For example, [구체적인 예를 들어 설명]. However, [앞의 문장의 선행 연구] did not verify their argument based on psychological experiment. In this study, we focus on [키워드가 되는 개념] when we explore [선행 연구의 과제이며 자신이 하는 연구에서 해결하려고 하는 목적].

마지막 부분은 Introduction을 정리해 쓰거나 논문의 구성을 예고하면 된다. 그런 다음 써야 할 게 있는데, 실험을 하는 논문과 이론 분야 논문을 쓰는 방식이 다르니까 여기서는 실험을 하는 영어논문의 예를 살펴보자.

실험을 하는 논문에서는 2. Materials and Methods(소재와 방법)이 되는 셈이다. 여기서 볼 영어논문에서는 사람을 대상으로 실험을 하기 때문에 먼저 Participants(실험 참가자)에 대한 설명부터 시작해야 하는 것이다.

Thirty naive participants, aged between 19 and 26 years old, took part in the experiments. Fifteen of the 30(ten males and five females) performed the experiment in the A condition; the other fifteen (ten males and five females)performed the experiment in the B condition. They were unaware of the purpose of the experiments, and they had no known abnormalities of their verbal or tactile sensory systems or any particular skills with respect to touch. They visited a laboratory at the University of ○○ for one day to conduct trials. informed consent was obtained from the participants before the experiment started. Recruitment of the participants and experimental procedures were approved by the University of ○○ Research Ethics Committee and were conducted in accordance with the Declaration of Helsinki.

전문지식을 갖고 있지 않는 19세~26세의 실험 참가자 30명을 대상으로 실험을 실시했다. 30명 중 15명(남사 10명과 여자 5명)은 A조건에서 실험을 했다. 나머지 15명(남자 10명과 여자 5명)은 B조건에서 실험을 했다. 참가자들은 실험의 목적을 모를 뿐만 아니라 언어나 촉각에 대한 예비지식이나 촉각에 대한 특수기능도 갖고 있지 않았다. 실험을 위해 ○○대학의 연구실을 방문했다. 실험을 시작하기 전에 실험 참가자로부터 사전 동의서를 받았다. 실험 참가자 모집과 실험 절차는 ○○대학 윤리위원회의 승낙을 받고 헬싱키 선언에 의거해서 실시되었다.

이 중에서 이 논문 고유 부분을 자신이 하는 연구 정보로 바꾸면 되겠네요?

그래 맞아, 예를 들면 이런 식이 되겠지.

[참가자 인원수] participants, aged [참가자 연령], took part in the experiments. [인원수] (○○ males and ○○ females) performed the experiment in the ○○ condition; the other [인원수] (○○ males and ○○ females) performed the experiment in the ○○ condition. They were unaware of the purpose of the experiment, and they had no known abnormalities of their [실험에 대한 능력] or any particular skills with respect to [실험에 대한 능력]. They visited [실험을 실시하는 장소] for [실험을 실시하는 기간] to conduct trials. Informed consent was obtained from the participant before the experiment started. Recruitment of the participants and experimental procedures were approved by [승낙을 받은 기관] Ethics Committee and were conducted in accordance with [규범명].

사용할 수 있는 곳이 상당히 많네요!

사람을 대상으로 한 실험에서 써야 할 것은 대체로 정해져 있으니까.

다음은 Apparatus and Materials(실험환경과 사용한 소재)에 대한 거야.

We selected 120 types of tactile materials for the experiments, including fabrics, papers, metals, leathers, rubbers, woods, sand, rocks, and plastics. When feasible, samples were cut to a size of 6 cm X 6 cm and stacked in layers to 2-mm thickness. As illustrated in Fig. 1, participants sat in front of a box with an 8 cm X 10 cm hole in it(the materials box) and placed the index finger of the dominant hand into the box through the hole to touch a material; they could not see the material while they were touching it.

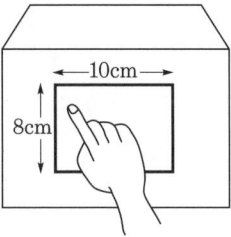

Figure 1 : Participant touching a material.

실험을 위해 천, 종이, 금속, 가죽, 고무, 나무, 모래, 바위, 플라스틱 등 120 종류의 소재를 모았다. 실행에 앞서 소재를 6센티미터 × 6센티미터로 잘라 2밀리미터의 두께로 포개 놓았다. 그림 1과 같이 8센티미터 × 10센티미터로 구멍을 뚫은 상자 앞에 앉아 구멍을 통해 집게손가락으로 소재를 만져보게 했다. 만졌을 때 소재가 보이지 않도록 했다.

여기서는 그림으로 실험하는 모습을 알 수 있게 하는 게 좋지. 사용할 부분은 그때의 실험방법에 따라 다르겠지만 대개 이런 느낌으로 적용하면 될 거야.

We selected [종류의 수] types of [어떠한 소재인가] materials for the experiments, including [실제 소재]. When feasible, samples were [어떤 식으로 가공했는가]. As illustrated in Fig. [번호], participants [실험 참가자는 어떤 식으로 실험을 했는가].

2. 인터넷을 잘 활용하자

제6장 기술 영어답게 쓰는 방법

논문의 템플릿

여기서는 논문을 구멍 메우기 식으로 만들어가는 데 필요한 템플릿을 몇 가지 소개하겠습니다. 영어논문을 써 보지 않은 사람이 제로에서 논문을 쓴다는 것은 쉽지 않은 일입니다. 도움이 될 만한 템플릿만 있어도 자신이 쓰는 논문의 이미지가 쉽게 완성될 것입니다. 만화 속에서도 말한 것처럼 자신의 전문분야 논문을 읽으며 자신이 쓰려고 하는 내용에 가까운 논문이나, 자신이 논문 속에서 선행 연구로서 소개하고 싶은 논문을 찾아 참고하는 것도 좋습니다. 다만 모방해도 좋은 것은 일반적인 표현이나 형식입니다. 그 논문의 독창적인 내용을 도입하면 표절이 되니까 주의해야 합니다.

●템플릿 1 (이공계 대부분의 연구에 공통되는 구조)

1. Introduction

The Theory of [이론명][이론의 정의]. The model has been extended to account for [그 모델로 설명할 수 있는 폭넓은 분야]. Despite the extensiveness of the [모델명], we are aware of only a few recent studies([선행 연구명]) challenging [대부분의 선행 연구에서 설명하지 않은 점]. Of these studies we will include [선행 연구명]. Computational model of [연구분야] such as [모델명] offer both theoretical and practical advantages. The theoretical advantages include [이점의 구체적인 예]. Computational models can also be applied to [무엇에 적용할 수 있는가]. [모델명] is thus able to [그 모델은 뭔가 할 수 있는가], but we find that there is room to examine [무엇을 조사할 여지가 있는가]. In the following we shall examine[무엇을 조사할 것인가].

2. Methods

3. Results

Table 1 displays [Table 1에 보인 것]. Note that [주목할 만한 점]. [Table 1 안의 특정한 곳] Table 1 confirms that [표 1에 의해 분명해진 것].
Table 1[표 1의 설명]
To further examine [더 조사할 대상], Figure 1 displays [그림 1에 보인 것], i.e. [구체적인 설명].
Figure 1[표1 의 설명]
As is evident from Figure 1, the model is [표 1에서 명확한 모델의 특징].
Table 2 lists [표 2에 든 것].
Table 2 [표 2의 설명]

4. Discussion
[우리가 발견한 것] that we found are consistent. We find that this is a strong point as [어떤 모델로서의 강점인가]. We therefore preliminarily conclude that [그래서 어떻게 결론지었는가]. We do not understand [무엇을 알 수가 없는가], but this is an interesting topic for future studies.

● 템플릿 2 (사람을 대상으로 조사하는 연구의 경우 등)

1. Introduction
How should [문제제기]. The [이론이나 방법론] framework ([선행 연구명]) has been remarkably successful at explaining [설명의 대상] in a wide range of domains. However, its success is largely dependent on [무엇에 의존하고 있는가]. This is unsatisfying practically, because the models do not scale beyond the originally modeled problem, and theoretically, as it is unclear whether [무엇이 분명하지 않는가]. One possible solution is to [무엇을 할 것인가]. This helps address both the practical and the theoretical concerns raised by the [모델명] model. In this paper, we use this approach to show [무엇을 보여주려고 하는가], making it possible to apply the [이론이나 방법론] framework to a wide range of [이론이나 방법론을 적용하려고 하는 대상]. We focus on one specific [과제명] problem, [구체적인 과제], where [과제 설명], Given that [상정하는 것], [해결하기 어려운 문제가 무엇인가] is a very difficult problem ([선행 연구명]). We propose a method for [무엇을 하는 방법을 제안하는가]. using [무엇을 사용해 할 것인가]. In particular, we use [어떤 자원을 사용할 것인지 구체적으로 명시] ([선행 연구명]) as [무엇에 사용할 것인가]. [자원이나 수단의 이름] is [그 설명]. These resources allow us to [무엇을 할 수 있게 되는가]. We demonstrate that [무엇을 보여줄 것인가], addressing the practical and theoretical issues with [모델명] models discussed earlier. The plan of the rest of the paper is as follows. In the next sections we review the [모델명] model and then examine [무엇을 분석할 것인가]. We then show how to [어떻게 해서 목적을 달성할 것인가]. Afterwards, we present two experiments [무엇을 하는 실험인지 설명]. Finally, we discuss the implications of our work and future directions for research.

2. Methods
2.1 The [이론과 방법론의 이름] Framework
선행 연구를 참고로 이론과 방법론을 설명한다.
2.2 Constructing [구축하는 모델]

3. Experiments[평가실험]

To evaluate the performance of our models, we conducted two experiments. The first experiment [첫 번째 실험에서 무슨 실험을 하는지 설명]. The second experiment [두 번째 실험에서는 무엇을 하는지 설명].

3.1 Experiment 1

Participants: [실험 참가자 인원수] participants were recruited via [어떤 방법으로 실험 참가자를 모집했는가] and compensated [무슨 일에 대해 얼마의 보수를 지불했는가]. Each participant completed as many trials as he or she wished. All participants responses were used.

Stimuli and Procedure : The stimuli consisted of [실험자극의 구성].

For each trial, participants were instructed that they needed to [실험 참가자는 무엇을 하는가].

3.2 Results

Figure 1 shows the results of this experiment. For each condition, the data for each test item has been averaged over participants. [그림 1의 설명].

This validates our method of [유효성을 보인 수법]

3.3 Experiment 2

Participants. [실험 참가자의 인원수] participants were recruited via [어떤 방법으로 실험 참가자를 모집했는가] and compensated [무슨 일에 대해 얼마의 보수를 지불했는가]. As in Experiment 1, each participant completed as many trials as he or she wished. All participants responses were used.

Stimuli and Procedure : Table 1 contains [표 1에 든 실험자극 설명]. The procedure was identical to Experiment 1.

3.4 Results

Figure 2 presents the averages results of [무슨 결과인가]. [그림 2의 설명]

4. Discussion

Although the [이론이나 방법론] framework has been extremely successful in explaining [무엇을 잘 설명할 수 있었는가], [미흡한 것] is unsatisfying. In this paper, we explored [이 연구에서 우리가 밝히려 한 것]. In the first experiment, we validated that the [모델명] model can capture [무엇을 파악할 수 있었는가]. In the second

experiment, we showed that the [모델명] model explains [무엇을 설명할 수 있었는가]. Using [어떤 수법을 사용했는가], the model [제안 모델은 무엇을 할 수 있었는가], thus demonstrating [우리가 사용한 접근법의 이점을 설명] benefits of our approach.
In the future, we hope to perform a large scale empirical test of the [제안 모델명] model using more [보다 강화할 점]. The larger set of empirical results would enable us to perform a more detailed investigation of [보다 상세하게 무엇을 조사할 수 있는가].

●템플릿 3 (계산 모델이나 논리적인 연구의 경우 등)

1. Introduction

[논문에서 다루는 토픽] plays an important role in the social life and attracts interest from a very broad range of researchers and scientists ([선행 연구명]). In [연구 분야] areas, [논문에서 다루는 토픽] using computational model is a classical problem. The representative models include:[모델명과 그것을 제안한 선행 연구명], [모델명과 그것을 제안한 선행 연구명], and so on. In [연구 분야명], [논문에서 다루는 토픽] is a vividly researched area ([선행 연구명 열거]). It is argued that [주요 선행 연구에서 논의된 내용]. Researchers in [연구 분야명] seek to understand [연구자가 파악하려고 한 내용]([선행 연구명]). Hence, the researchers have utilized some [이용돼 온 기술] techniques to [무엇을 하기 위한 기술인가], such as [기술 예]. [모델명] model is utilized to measure of [측정 대상] and provide the predictions about [예측 대상]([선행 연구안]). Many empirical validations have demonstrated that [모델명] models have notable ability in various tasks, such as [모델이 유효한 대상을 열거]([선행 연구명]).
This paper models [모델화할 대상] via [상세한 기술] technique. [기술명] models [모델화할 대상]. [모델명] model is selected in this paper because of two considerations. First, [모델명] architecture is [이 논문에서 이 모델을 채택한 이유]. Second, [모델명] has demonstrated distinguished ability of [우수한 점]([선행 연구명]). This is the first paper utilizing [기술명] techniques to model [모델화 대상]. Compared with existing [기존의 모델명] models, our proposed [모델명] has several attractive characteristics : 1) [특징 설명]. 2) [특징 설명]. 3) [특징 설명].

2. Model

In the section, we design a [알고리즘 명] algorithm for the task of [작업 대상], includes [작업 사례]. The strategy of [수법 명] is utilized to construct a [구축 대상]. [모델 설명]

Figure 1:[그림 1의 표제어]

Figure 1 shows the architecture of [그림 1의 설명].

3. Experiment
3.1 Data set
The data set collected between [수집 개시시기] and [수집 종료시기] contains [숫자] subjects with a total of [숫자]. We obtain [숫자] [얻어진 데이터] for each individual.
3.2 Procedure
In this experiment, we intend to investigate [조사 목적, 대상].

4. Experimental Results
In the experiment, we [실험의 목적과 얻어진 데이터의 성질 등을 설명]. [결과 예시] is shown in Table 1. As shown in Table 1, the [결과 데이터] of [기존 모델명] model is better than [기존의 다른 모델명] model. And our proposed [제안 모델명] has the best performance in comparison to others.

Table 1:[표 1의 표제어]

5. Conclusion and Future Work
In the paper, we make an attempt to construct a [모델명] model for [모델화 대상] in a frame of [수법]. To evaluate proposed models, we do experiments on [실험 대상]. Experiment result not only show the distinguishing [우수한 점] ability of our model but also clearly demonstrate [제시한 것]. To a certain extent our attempt is an example to prove that [증명할 수 있는 것]. In future, we will go in this direction to propose novel computational model by [수단]. And we will explore [연구 대상] from the viewpoint of [어떤 시점에서 실시하는가].

7장

국제회의에서 발표를 하기 위한 준비

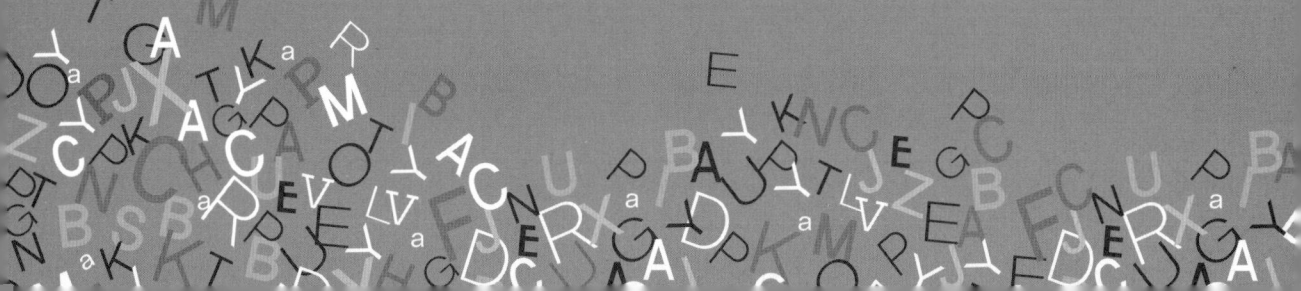

1. 메일을 보내자

으응

오늘은 기분이 좋으니까 특별히 내가 영어로 옮겨주지!

실제 영어로 쓴 메일을 보지 않고서는 머릿속에 그려지지 않는데요…

이걸 참고로 앞으로는 직접 써봐.

됐다!

슥슥슥

John Smith 교수님께

2016년 11월에 샌프란시스코에서 개최되는 정보 및 공학 과학 워크숍에 참석하고 싶습니다. 워크숍에 기고하고자 하는 논문은 "뉴스 웹사이트 광고의 레이아웃 최적화"라는 제목으로, 저자 황수선과 박지현은 둘 다 ○○에 소속되어 있습니다.

첨부한 파일은 마이크로소프트 워드파일과 PDF 파일로 만든 논문의 요지입니다. 이 파일을 여는 데 문제가 있을 경우에는 연락해 주시기 바랍니다. 제 전화번호는 : +82-02-3333-3333, 팩스번호는 +82-02-3333-3335입니다.

감사합니다. 워크숍에서 만날 수 있기를 기대합니다.

박지현(Jihyun, Park)

Dear Prof. John Smith

We would like to attend the workshop on information and engineering Science to be held on November 2016 in San Francisco.

The paper we would like to contribute to the workshop is entitled "Layout Optimization of Advertisements on News Websites". The authors of the paper are Susun Hwang and Jihyun Park, both affiliated ○ ○.

Attached here please find a MS-Word and its PDF files of the abstract of the paper.
please let me know if you have any problem in opening these files. My phone number is + 82-02-3333-3333 and the fax number is + 82-02-3333-3335.

Thank you very much and I look forward to seeing you at the workshop.
Sincerely yours,

Jihyun, Park

Dear Jihyun Park

Thank you for your contribution to the International Workshop on information and Engineering Science to be held at San Francisco.

We are glad to inform you that your paper has been accepted by the program committee and you are invited to give oral presentation on your paper.

The reviews are included below. Please attend carefully to the reviewers' comments and revise the submission to take the comments into account when you submit the final, camera ready version.

Thank you very much and I look forward to seeing you at the workshop.
Sincerely yours,
John Smith

샌프란시스코에서 개최되는 정보 및 공학 과학 워크숍에 논문을 기고해 주셔서 감사드립니다.
귀하의 논문이 프로그램위원회에 채택되었음을 알려 드리며, 논문 내용을 구두로 발표해 주시도록 귀하를 초대합니다.
리뷰는 아래에 기재되어 있습니다. 리뷰를 쓴 사람의 의견에 주의해 주시고 의견을 고려하여 논문을 수정한 다음 최종 인쇄용 원고를 제출해 주시기 바랍니다.

John Smith

이런 게 왔어요!

포스터 발표의 경우는 지정 패널에 자신이 연구한 내용을 소개하는 포스터를 게시하고 그 앞에서 설명을 하지.

↙ 포스터 게시
↙ 앞에서 설명

연구가 진행 중인 경우는 여러 사람의 의견을 들을 수 있는 포스터 발표 쪽이 메리트가 있겠지.

그렇다면 포스터 발표도 결국 영어로 해야 하는 거네요…

구두발표는 어떻게 하는 거죠?

구두발표는 발표자 한 사람이 단 위에 서서

청중을 향해 연구내용을 말로 설명한 다음 질문에 답하는 식으로 진행하지.

그때 파워포인트로 만든 프레젠테이션 자료를 영상으로 보여주면서 발표하는 일이 많아.

Power Point
발표자

제7장 국제회의에서 발표를 하기 위한 준비　205

제7장 국제회의에서 발표를 하기 위한 준비

Dear Prof. John Smith

I am writing to ask you to accept our visit to your laboratory after the International Workshop on Information and Engineering Science to be held in San Francisco in three months.

We are hoping to visit you on November 5th, 2016. We will be a party of three, including Prof. Kim. Hyung-soo, Ms. Kim. Mina and myself. So, Please let me know if you will be available for us.

Thank you very much in advance.

Sincerely yours
Jihyun, Park

3개월 후 샌프란시스코에서 개최되는 정보 및 공학 국제 워크숍이 끝난 후 교수님 연구실을 방문하길 원하여 이 메일을 보냅니다.
2016년 11월 5일 방문하고 싶습니다. 김현수 교수님과 김민아 선생님, 그리고 저를 포함한 3명입니다.
우리가 방문해도 될지 알려주세요.
잘 부탁드립니다.
박지현

2. 발표하기 쉬운 프레젠테이션 자료를 만들자

지현의 경우는 이런 식으로 해야 할 거야.

페이지 배분

1. 제목 페이지 ·····················1장
2. 차례························1장
3. 연구 배경 1 ····················1~2장
4. 목적 ························1장
5. 연구순서(실험 개요) ············4~5장
6. 결과와 고찰 ···················4~5장
7. 결론······················1장
8. 앞으로의 과제 ················1장
9. 참고문헌과 감사의 말

흐름에 따라 하는 거니까 카누 장비인 셈이야.

'연구순서'와 '결과와 고찰' 말고는 대개 1장이군요…

그럼 자료 내용에 들어가자.

각각 담아야 할 정보에는 패턴이 있으니까 그대로 하면 문제가 없을 거야.

먼저 제목 페이지인데, 여기에는 논문명이나 저자 전원의 이름과 학회명, 장소, 날짜 등을 기입한다.

음, 이런 식으로요?

**Layout Optimization of Advertisements
on New Websites**

Jihyun, Park and Hyun su, Kim
Department of Informatics and Engineering
The University of ○○
Jihyun@inf.ac.kr

2nd International Workshop on
Information and Engineering Sciences
San Francisco
November 1-5 , 2016

그렇지. 그 다음에는 어떤 파워포인트를 어떤 발표에서 사용했는지 자신이 알 수 있게 일목요연하게 정리해 두는 게 좋아.

그 다음은 차례가 되겠지. 발표 순서를 설명해 두면 발표 내용 전체를 알 수 있으니까 듣는 사람이 마음 편히 들을 수 있겠지.

각 항목의 부제를 늘어놓는 느낌이네요.

목차 다음에는 연구 목적을 먼저 명시하는 경우도 많지만 이번 발표처럼 듣는 사람에게 그다지 익숙하지 않는 분야를 발표하는 경우에는 연구의 배경을 설명하는 게 좋아. 이런 식으로 도형을 사용해 알기 쉽게 말이야.

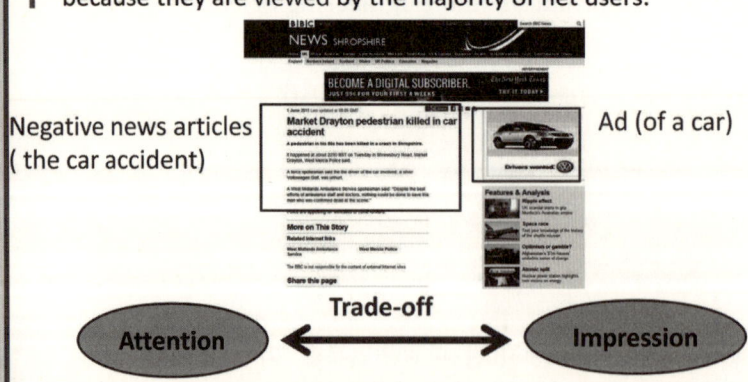

목적도 이런 식으로 간결하게 정리하고…

THE PURPOSE OF OUR STUDY

Exploring effective layouts of ads that satisfy attention, impression and readability

── AT THE SAME TIME ──

ATTENTION

+ **READABILITY**

IMPRESSION

OPTIMAL POSITIONS OF ADS

정말 간결하네요!
글자뿐이지만…

다음은 연구순서(실험개요)야. 순서는 그때의 연구내용에 따라 다르지만 소재와 실험 설계, 절차를 순서대로 설명하는 거야.

 내 경우는 실험해서 사람들에게 제시한 실험 자극을 도표로 보여주면 알기 쉽겠네요!

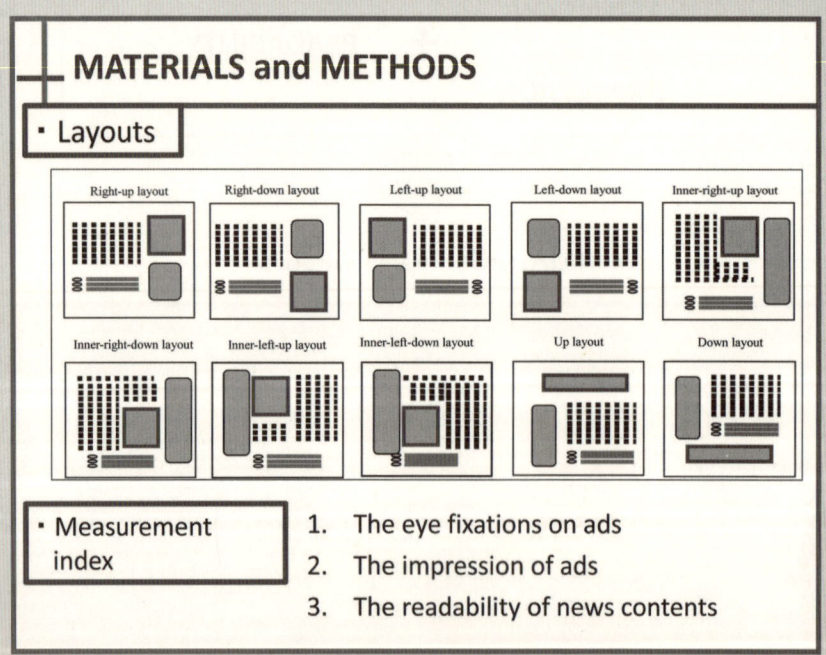

실험 설계 페이지에서는 실험 과정을 찍은 사진을 이런 식으로 보이는 게 좋아. 무엇을 측정했는지 알 수 있게 말이야. 그런 다음 실제 절차를 순서대로 알기 쉽게 설명하면 된다.

사진이나 그림이 있으면 일목요연하고 설득력도 있지요!

다음은 실험 '결과와 고찰' 페이지인데, 여기도 도표를 사용해 알기 쉽고 간결하게 설명하는 게 좋아.

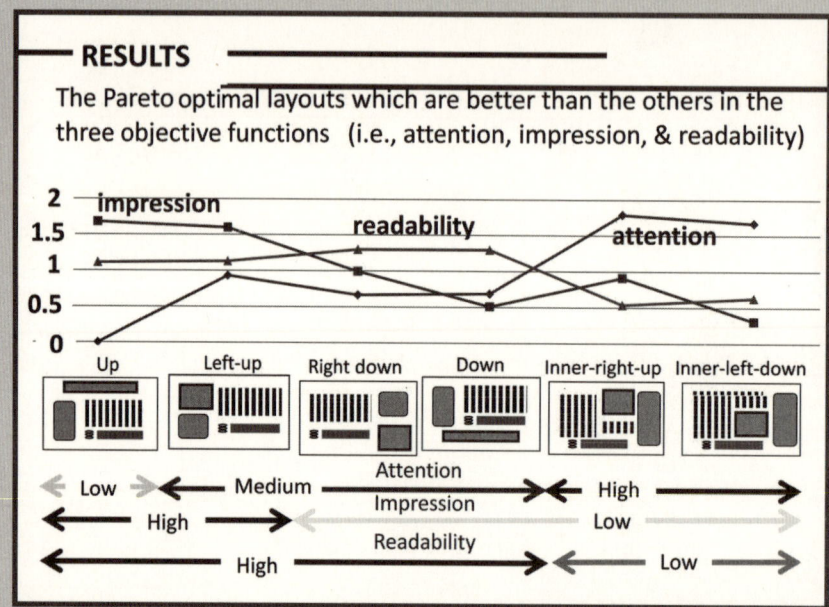

그리고 '결론'과 '앞으로의 과제'를 간결하게 조목별로 정리한 페이지를 1장씩 만든다.

 마지막으로 참고문헌과 감사의 말을 쓰면 끝이군요!

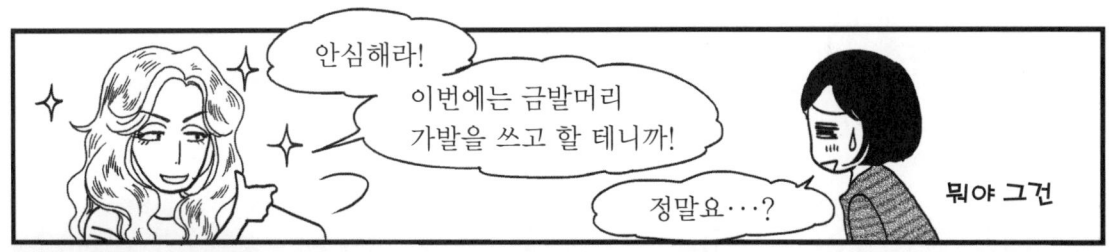

수고했어!
처음치고는 너무나 훌륭한 프레젠테이션이었어!
수현 선배 덕이죠!
그건 그렇다 치고 빨리 외국 사람들과 얘기나 하고 와
넵!

프레젠테이션 자료의 예

만화 속에서는 발표 자료의 흐름을 소개했습니다. 여기서는 구체적으로 어떻게 진행하는지 좀 더 자세히 설명하겠습니다. 설명에서 사용하는 말은 기본적으로 학회발표 기고 시에 제출하는 예고집에 게재될 논문을 이용하겠습니다. 특히 기고 시에 영어 네이티브나 지도교수에게 체크를 받는 경우는 그 논문의 표현을 이용하면 됩니다.

1 제목 페이지(1장)

>
> **Layout Optimization of Advertisements on New Websites**
>
> Jihyun, Park and Hyun su, Kim
> Department of Informatics and Engineering
> The University of ○○
> Jihyun@inf.ac.kr
>
> 2nd International Workshop on
> Information and Engineering Sciences
> San Francisco
> November 1-5 , 2016

"Thank you for introducing, Mr. / Ms. chairperson.
I am Jihyun Park. I will be talking about layout Optimization of advertisements on News Websites."

사회자 선생님, 소개해 주셔서 감사합니다. 저는 박지현입니다. 저는 뉴스 사이트 광고의 레이아웃 최적화에 대해 말하려고 합니다.

● 이와 같이 간단히 인사를 하고 침착하게 발표를 시작하면 됩니다.

② 차례(1장)

```
Table of Contents

• Background and the purpose of this study

• Experiments

• Results

• Conclusion and future research
```

"In this presentation, first I am going to talk about the background and purpose of this study. Then, I will explain details of the experimental procedure. After that I will show you some results of our experiments. Finally, I will make a brief summary and talk about future research."

이 발표에서는 먼저 연구의 배경과 목적에 대해 말씀드리겠습니다. 그런 다음 실험 절차를 자세히 설명하겠습니다. 그 후에 실험 결과를 보여 드리겠습니다. 마지막으로 간략하게 요약을 하고 향후 연구에 대해 말씀드리겠습니다.

● 이 정도로 대충의 흐름을 말해두면 이해하기 쉬울 겁니다.

3 연구 배경(1~2장)

배경은 선행 연구를 소개하면서 논문의 배경을 설명하는 부분(Introduction)에서 발췌해 만듭니다. 선행 연구 중에서도 중요하고 이해하기 쉬운 것을 골라 도표로 제시하면서 자신이 연구한 배경에 대해 설명합니다. 이때 전문인이 아닌 사람도 이해할 수 있게 설명하는 것이 좋습니다.

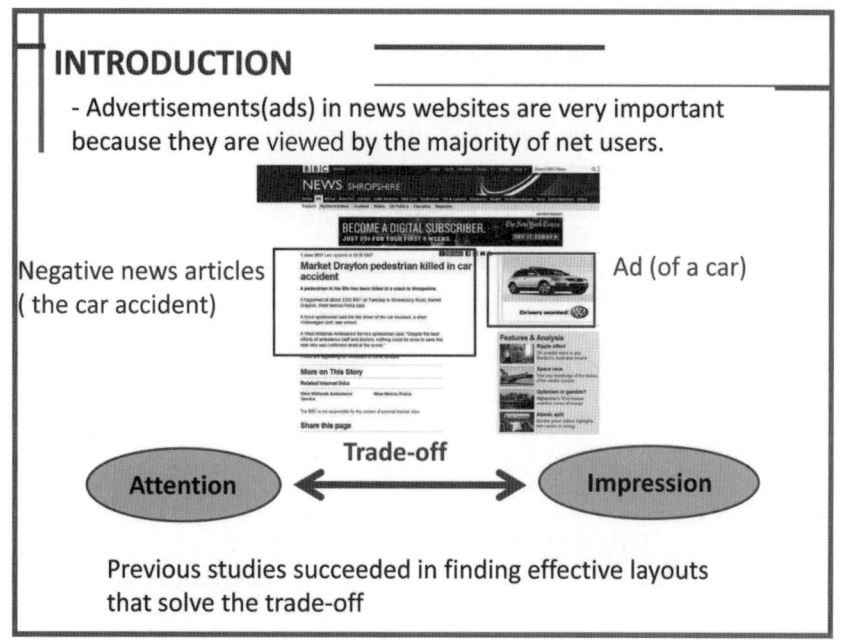

"Advertisements, namely ads, in news websites are very important because they are viewed by the majority of net users. Since the ads in the websites are randomly inserted, they are frequently inserted into the negative news article. For example, the advertisement of the new car is inserted in the inner position of the news article reporting a car accident. Previous studies show that the attention degree and the impression degree of advertisements are in the trade-off relation."

뉴스 사이트의 광고는 대다수의 인터넷 이용자가 보기 때문에 아주 중요합니다. 웹사이트 광고는 무작위로 게재되기 때문에 부정적인 뉴스기사에 삽입되는 일이 종종 있습니다. 예를 들면 신차 광고가 교통사고를 보도하는 뉴스 기사 위치에 실리기도 합니다. 기존의 연구들은 광고의 주목도와 인상도가 트레이드 오프 관계에 있음을 보여줍니다.

● 이런 식으로 설명합니다. 여기서는 시간이 허락되는 범위에서 적당히 설명하면 됩니다.

4 목적(1장)

연구 배경 설명을 할 때 연구 목적이 자연스럽게 이어지도록 자신들이 새롭게 연구한 점을 확실히 알 수 있게 설명합니다.

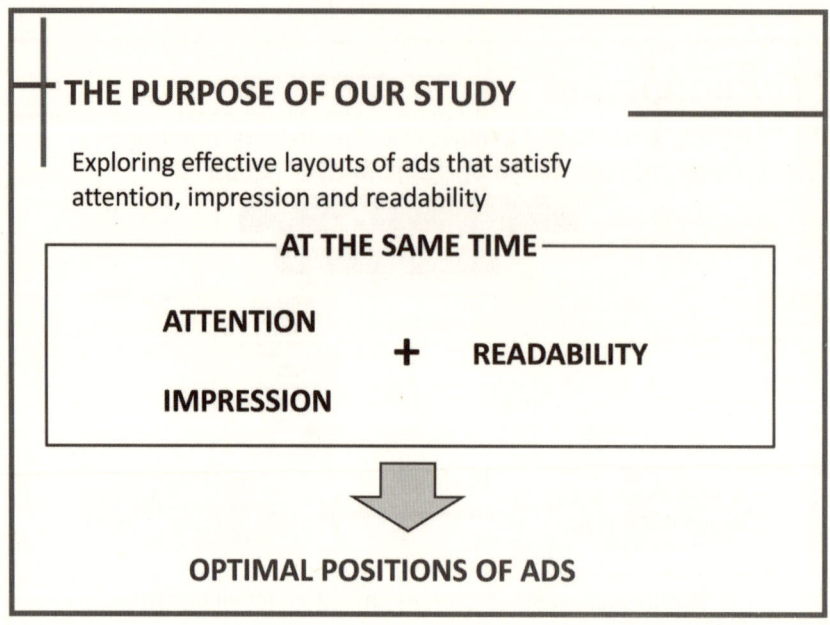

In this study, we explore the effective placement of ads in news websites, which simultaneously achieve high levels of attention, impression and readability. We pursue this goal by conducting experiments in which participants view a variety of page layouts of news websites. The results of the experiments are analyzed from the viewpoint of multi-objective optimization.

이 연구에서는 뉴스 웹사이트 광고의 효과적인 배치, 즉 주목도와 인상도와 가독성이 모두 높은 배치를 탐구합니다. 우리는 참가자들이 다양한 레이아웃의 뉴스 사이트 페이지를 보는 실험을 수행함으로써 이 목표달성을 추구합니다. 실험 결과는 다목적 최적화의 관점에서 분석합니다.

- 이 연구에서 무엇을 하려고 하는지 목적을 제대로 이해시키는 것이 좋습니다. 목적을 안 다음에 말을 듣는 것과 그렇지 않은 경우는 이해도가 다르기 때문입니다.

5 연구순서(실험 개요) 4~5장   *여기서는 한 장만 예를 들어 설명하겠습니다.

실험자극 사진이나 그림 등을 이용해 어떤 실험을 했는지, 청중의 눈에 떠오르도록 발표 자료를 만드는 것이 좋습니다.

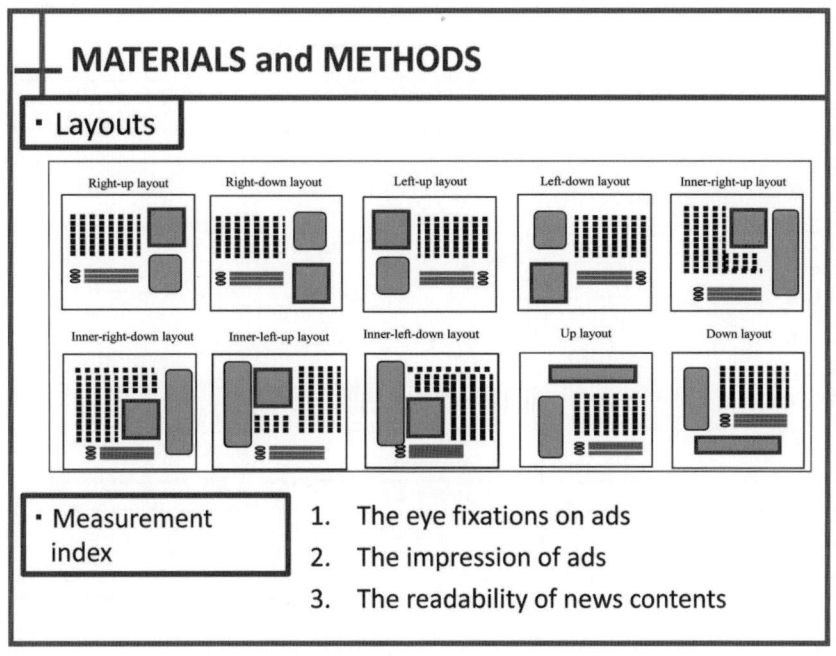

The participants of the experiments viewed various types of news websites samples in which ads are positioned in various layouts. Through these experiments, we measured the eye fixations on the ads, the impression of the ads in relation to the negative news articles, and the readability of news content. The layouts employed in the experiments were the ten patterns as shown in this Figure.

실험 참가자는 다양한 레이아웃으로 광고가 게재되어 있는 여러 종류의 뉴스 사이트 샘플을 봅니다. 이 실험을 통해 광고에 대한 시선 고정, 부정적인 뉴스 기사와 관련된 광고 인상, 그리고 뉴스 사이트의 가독성을 측정했습니다. 실험에 사용된 레이아웃은 이 그림에 표시된 것처럼 10개의 패턴입니다.

- 측정항목 '시선 고정', '인상', '가독성'을 언급할 때 레이저포인터 등으로 슬라이드를 가리키세요. 또한 '이 그림에 나타냈다'고 그림을 언급할 때도 그 곳을 가리키는 게 좋습니다.

6 결과와 고찰(4~5장) *여기서는 한 장만 예를 들어 설명하겠습니다.

실험 결과는 자신의 생각을 넣지 않고 객관적으로 제시해야 합니다. 그림이나 표에 수치나 해석 결과를 정리해 알기 쉽게 제시하는 것이 좋습니다.

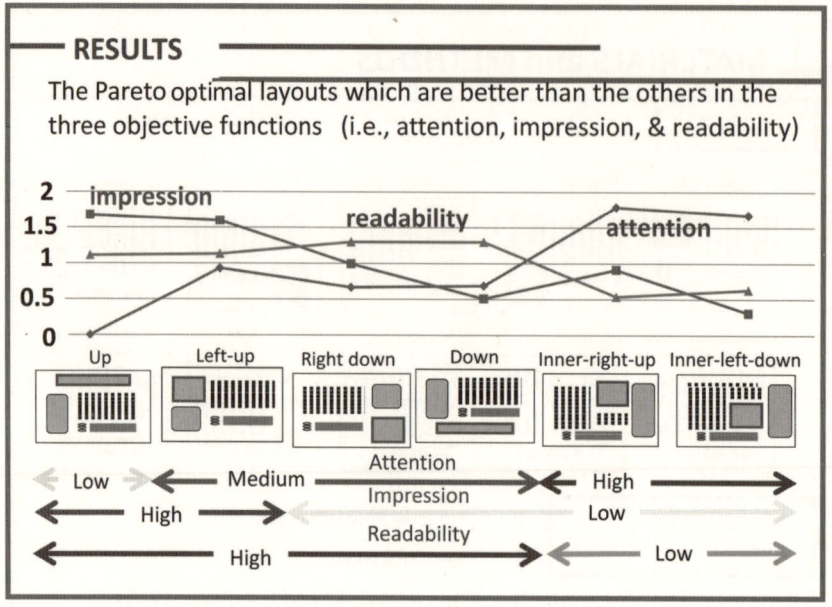

"We explored the Pareto optimal solutions which are better solutions than the others in the three objective functions. The characteristics of these six types of web layouts are summarized in this graph.(여기서 그래프를 가리켜 주세요)
Up layout:(맨 왼쪽의 상부 배치형 레이아웃을 가리키면서 설명합니다.)
This layout provides a high impression level and a relatively high level of readability. However, the attention level is low because the ad located at the up position is not frequently viewed by users."

우리는 세 가지 목적에서 다른 목적보다 나은 해답인 파레토 최적의 해답을 구했습니다. 여섯 종류의 웹 라이아웃의 특징은 이 그래프에 정리되어 있습니다.
상부 배치형 레이아웃 : 이 레이아웃은 높은 인상도와 비교적 높은 수준의 가독성을 제공합니다. 그러나 위쪽에 위치해 있는 광고는 이용자가 자주 보지 않기 때문에 주목도는 낮습니다.

- 이와 같이 결과에 대해 하나하나 설명해가면 됩니다. 그때 언급하는 부분을 가리키면서 설명하면 좋습니다.

7 결론(1장)

이번 연구의 중요한 성과를 간결하게 정리합니다.

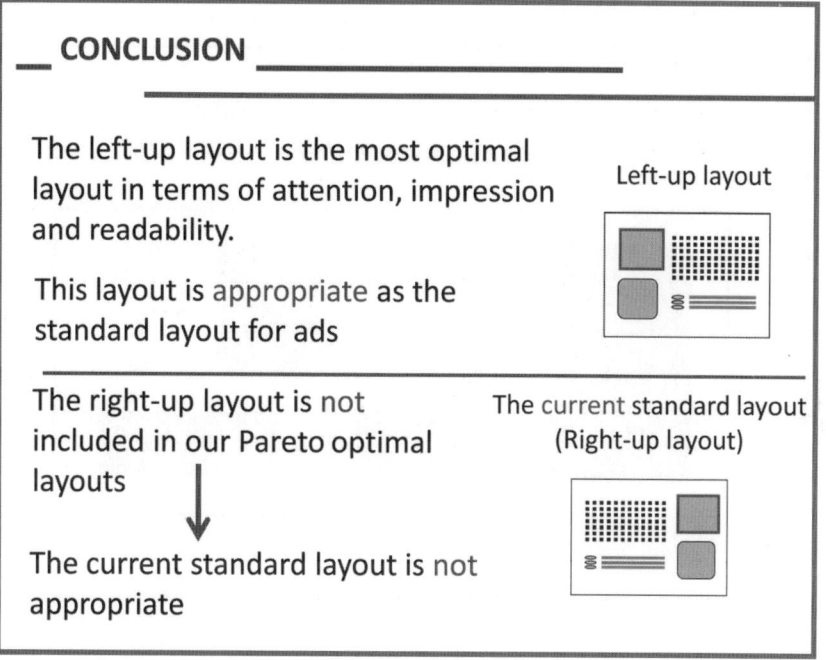

"As a result of analyses, we found six optimal layouts of the ads. Our results show that the left-up layout is the most optimal layout in terms of attention, impression, and readability. Our results also suggest that the right-up layout, which is the current standard layout, is not a good layout when the ads are inserted into negative news articles."

분석 결과 우리는 6가지 최적의 레이아웃을 발견했습니다. 우리의 결과는 왼쪽 위에 배치한 레이아웃이 주목도, 인상도, 가독성 면에서 최적의 레이아웃임을 보여줍니다. 결과는 또한 광고가 부정적인 뉴스 기사에 삽입될 때 현재 표준 레이아웃인 오른쪽 상단 레이아웃은 좋은 레이아웃이 아니라는 것도 제안해 줍니다.

- 이 외에도 성과를 조목별로 나타내는 등 간결하고 알기 쉽게 보이는 방법이 있습니다. 자신이 연구한 성과를 보이는 데 어떤 방법이 효과적인지 잘 선택하기 바랍니다.

8 앞으로의 과제(1장)

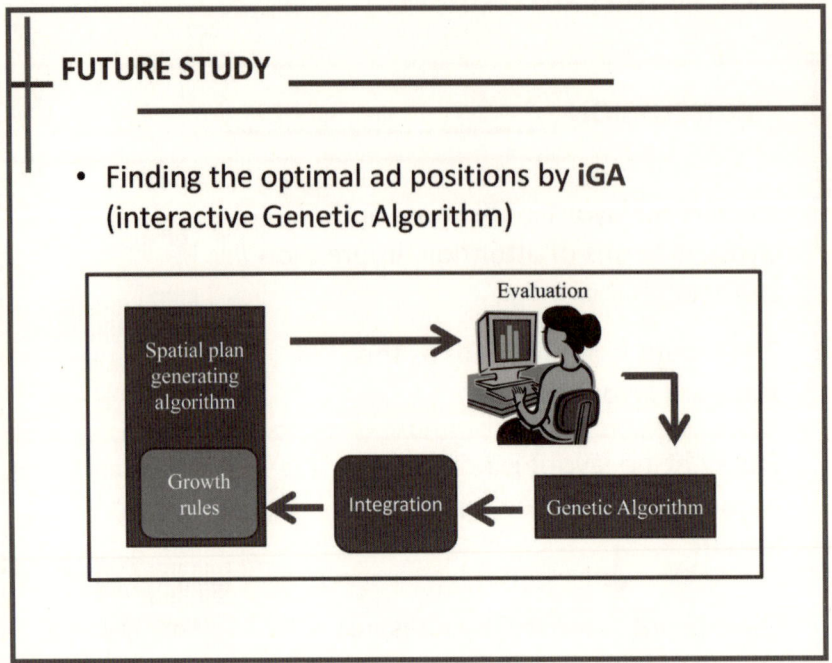

"In our near future work, we will explore optimal positions of ads on websites by utilizing the Pareto front solutions through Interactive Genetic Algorithm. We want to propose interactive genetic algorithm to generate the most optimal website layouts."

가까운 장래에 우리는 인터랙티브 유전적 알고리즘을 활용해 파레토 최적 해법을 사용한 웹사이트 광고의 최적 위치를 탐색할 것입니다. 우리는 최적의 웹사이트 레이아웃을 생성하는 인터랙티브 유전적 알고리즘을 제안하고자 합니다.

● 앞으로 진행할 연구이므로 구체적으로 말할 필요는 없습니다. 그러나 이 연구가 앞으로 어떻게 발전해 갈 것인지 청중의 기대가 모아지도록 어필할 필요가 있습니다.

구두발표는 연습을 하면 잘 할 수 있습니다. 긴장해 머릿속이 하얗게 되어도 입에서 저절로 나올 때까지 연습하기 바랍니다. 질의응답은 기술 영어논문을 읽거나 쓰기 위한 방법을 전하는 이 책의 목적과는 다르기 때문에 별도의 연습이 필요합니다.

먼저 상대가 묻는 영어를 잘 듣고 이해해야 하므로 어느 정도의 듣기능력이 필요합니다. 이 책 첫머리에 언급했듯이 단어를 연결해 내용을 대충 추정하는 방법이 효과적입니다. 자신이 들은 단어로부터 슬라이드의 어느 페이지에 관련한 질문인지 파악해 우선 침착하게 그 페이지를 열기를 바랍니다. 그것을 토대로 상대와 주고받다보면 질의응답 시간이 지나갈 것입니다.

몇 개월 후-
네!
영어로 논문을
다시 쓴다고요…
히잉~
물론
그런 건 못해요…
잘해봐…
신입생
연구에만 몰두할 수
있을 것 같아 대학원에
들어왔더니…
우울해
아
아
저, 미국에서
돌아왔습니다.
아, 지현 선배다!
대학원 1학년인데
성과를 잇달아 내서
해외에서도 주목받고 있는
부러운 사람!
와아
수현 씨의
도움으로 미국
연구실에 가 있었지.
어땠어?
수현 선배는 거기서도
대활약을 하고 있어요.
역시
대단해요
차그는 더
대단했지만
흐음

참고문헌

1장 기술 영어를 읽어 보자① 단어만 연결해 읽는 방법
- Saki Iiba, Tetsuaki Nakamura, and Maki Sakamoto : Color Recommendation for Text Based on Colors Associated with Words, Journal of the Korea Industrial Information System Research, 17(1), 21-29(2012)

2장 기술 영어를 읽어 보자② 전부 읽지 않고 일부만 읽는 방법
- Nariyuki Muramatsu, Keiki Takadama, Hiroyuki Sato, and Maki Sakamoto : Layout Optimization of Advertisements on News Websites, Proceedings of International Workshop on Modern Science and Technology 2012(IWMST2012), 384-389(2012)

3장 기술 영어를 쓰기 전 시작 단계
- Noriyuki Muramatsu, Keiki Takadama, Hiroyuki Sato, and Maki Sakamoto : Layout Optimization of Advertisements on News Websites, Proceedings of International Workshop on Modern Science and Technology 2012(IWMST2012), 384-389(2012)

4장 중학교 수준의 문법으로 기술 영어를 써본다
사이토 요이치 「기술 영어 바르게 쓰는 법」 옴사(2003년)

5장 템플릿을 사용하여 논문을 써보자

6장 기술 영어답게 쓰는 방법
- Tetsuaki Nakamura, Maki Sakamoto, and Akira Utsumi : The Role of Event Knowledge in Comprehending Synesthetic Metaphors, Proceedings of the 32nd Annual Meeting of the Congnitive Science Society(CogSci2010), 1898-1903(2010)
- Junji Watanabe, Yuuka Utsunomiya, Hiroya Tsukurimichi, and Maki Sakamoto : Relationship between Phonemes and Tactile-emotional Evaluations in Japanese Sound Symbolic Words, Proceedings of the 34th Annual Meeting of the Cognitive Science Society (CogSci2012), 2517-2522(2012)

7장 국제회의에서 발표를 하기 위한 준비
- Noriyuki Muramatsu, Keiki Takadama, and Maki Sakamoto : Optimal Positions of Advertisements on News Websites Focusing on Three Conflicting Objectives, Proceedings of the IADIS International Conference Interfaces and Human Computer Interaction 2011, 394-398(2011)

찾아보기

[숫자]

1형식 · 62
2형식 · 62
3형식 · 62
4형식 · 62
5가지 형식 · 59
5형식 · 62

Ⓐ

A tells B /A shows B · · · · · · · · · · · · · 135
about · 130
abstract · 143
acknowledgement · · · · · · · · · · · · · · · 143
affiliation · 143
allow A to do (허가) · · · · · · · · · · · · · 134
angle bracket · · · · · · · · · · · · · · · · · · · 165
appendix · 143
arrow · 165
asterisk · 165
at · 129
authors · 143

Ⓑ

bracket(s) · 165
brace(s) · 165
bring A to B · · · · · · · · · · · · · · · · · · · 135
broken line · 165
by · 129

Ⓒ

category · 165
cause A to do (원인) · · · · · · · · · · · · · 135
chart · 164
circle · 165

class · 165
column · 164
compel A to do (강제) · · · · · · · · · · · 134
conclusion · 143

Ⓓ

design · 143
diagram · 164
discussion · 143
dot · 165
dotted line · 165

Ⓔ

enable A to do (가능하다) · · · · · · · · 135
equal · 165

Ⓕ

figure · 164
for · 129
force A to do (강제) · · · · · · · · · · · · · 134
formula · 164
from · 130

Ⓖ

graph · 165
group · 165

Ⓗ

histogram · 165

Ⓘ

in · 129
introduction · 143

Ⓚ
keep A from doing ·················· 135
key words ························· 143

Ⓛ
lead A to B ······················· 135

Ⓜ
make A do(사역) ···················· 134
materials ························· 143
materials and methods ············· 143
methods ·························· 143
minus ····························· 165

Ⓞ
of ································ 130
on ································ 129
over ······························ 130

Ⓟ
parenthesis(-theses) ··············· 165
plus ······························ 165
prevent A from doing ·············· 135
procedure ························· 143
proportion ························ 165

Ⓡ
rectangle ·························· 165
references ························· 143
remind A of B(A에게 B를 생각나게 하다)· 135
results ···························· 143
round bracket(s) ··················· 165

Ⓢ
set ······························· 165
slash mark ························ 165
stop A from doing ················· 135
square ···························· 165

square bracket(s) ·················· 165
subset ···························· 165

Ⓣ
table ····························· 164
take A to B ······················· 135
Technical term(전문용어) ············ 28
that ······························ 116
title ······························ 143
to ································ 130
triangle ··························· 165

Ⓤ
under ····························· 130

Ⓦ
which ···························· 116
with ······························ 129

ㄱ
가능하게 하다(enable A to do) ········ 135
가설 ······························ 154
간접목적어 ························· 66
강제(force A to do /compel A to do) ·· 134
검증 ······························ 154
결과 ······························ 81
결론 ······························ 81
고찰 ······························ 81
관계대명사 ························ 115
관사 ······························ 22
구두발표 ·························· 204
국제회의 ··························· 8
국제회의 발표 ····················· 204
기능어 ···························· 19
기본문장 구조 ····················· 59
기술 영단어 ······················· 26
기술 영어 ························· 25

ㄴ
내용어 · 19
내용어의 나열 · 20
논문 · 6

ㄷ
단락 · 54
단어 · 18
단어 실력 · 27
도표 · 156
동사 · 21, 60

ㄹ
레이저 포인터 · · · · · · · · · · · · · · · · · · 227

ㅁ
메일 · 198
명사 · 21
목적어 · 60
무생물 주어 · · · · · · · · · · · · · · · · · · · 108
문법 · 18

ㅂ
박사 후 과정 · · · · · · · · · · · · · · · · · · · 13
방법 · 81
번역기 · 82
보어 · 60
부사 · 21
부정관사 · 223
부정의 접속사 · · · · · · · · · · · · · · · · · · 55

ㅅ
사역(make A do) · · · · · · · · · · · · · · · 134
서론 · 81
수동문 · 105
수치 데이터 · · · · · · · · · · · · · · · · · · · 156
실험 · 81

ㅇ
앞으로의 과제 · · · · · · · · · · · · · · · · · · 81
연구 성과 · 10
영단어장 · 19
영어문장 독해 · · · · · · · · · · · · · · · · · · 25
영작문 · 25
예문 · 30
요지 · 80
원인(cause A to do) · · · · · · · · · · · · 135
인칭대명사 · 22
인터넷 · 185

ㅈ
자동사 · 63
전문분야 · 28
전문용어(Technical term) · · · · · · · · · · 28
전치사 · 123
접속사 · 24
정관사 · 121
정의 · 151
제2언어 · 24
졸업 · 8
졸업논문 발표회 · · · · · · · · · · · · · · · · 80
주어 · 60

ㅌ
타동사 · 65
투고규정 · 147

ㅍ
파워포인트 · 205
퍼스널 컴퓨터 · · · · · · · · · · · · · · · · · · 30
포스터 발표 · · · · · · · · · · · · · · · · · · · 204

ㅎ
허가 (allow A to do) · · · · · · · · · · · · 134
형용사 · 21
회화 · 25

〈저자약력〉

사카모토 마키

1993년 도쿄외국어대학 외국어학부 졸업. 1998년 도쿄대학대학원 종합문화연구과 언어정보과학 전공 박사과정 수료(박사 (학술)). 도쿄대학 조교, 2000년 전기통신대학 강사, 2004년 전기통신대학 조교수를 거쳐, 2015년부터 전기통신대학 대학원 정보공학연구과 교수로 있다. 미디어 출연 다수, 오스카 프로모션 소속(업무 제휴). 공동 저서 다수. 인공지능학회, 정보처리학회, 감성공학회, 가상현실학회, 인지과학회, 인지언어학회, 광고학회에 소속해 있다. 국제회의 베스트 애플리케이션 상, 인공지능학회 논문상 등을 수상했다.

- **만화제작**   주식회사 트렌드 프로

- **시나리오**   re_akino 호이시 히로부미

- **그림**   후카모리 아키

- **DTP**   이시다 다케시

만화로 쉽게 배우는 시리즈

만화로 쉽게 배우는 **기초생리학**

Etsuro Tanaka 지음
김소라 역자
232쪽 | 15,000원

만화로 쉽게 배우는 **전지**

Kazuhiro Fujitaki, Yuichi Sato 지음
김광호 감역 | 김필호 역자
200쪽 | 14,500원

만화로 쉽게 배우는 **콘크리트**

Tetsuya Ishida 지음
박정식 감역 | 김소라 역자
190쪽 | 14,500원

만화로 쉽게 배우는 **암호**

Masaaki Mitani, Shinichi Satou 지음
이민섭 감역 | 박인용, 이재원 역자
240쪽 | 14,500원

만화로 쉽게 배우는 **사회학**

Nobuyoshi Kurita 지음
이태원 역자
218쪽 | 14,500원

미소녀와 함께 배우는 화학의 기본 **원소주기**

Miyuki Mitsuda 지음
황의승 감역 | 오시연 역자
224쪽 | 13,000원

만화로 쉽게 배우는 **발전·송배전**

Gorou Fujita 지음
오철균 감역 | 신미성 역자
232쪽 | 14,500원

만화로 쉽게 배우는 **전자회로**

Kenichi Tanaka 지음
손진근 감역 | 이도희 역자
184쪽 | 14,500원

만화로 쉽게 배우는 **데이터베이스**

Mana Takahashi 지음
홍희정 역자
260쪽 | 14,500원

만화로 쉽게 배우는 **전파와 레이더**

Koki Nakatsuka 지음
구기준 감역 | 김필호 역자
224쪽 | 14,800원

만화로 쉽게 배우는 **영양학**

Masaru Sonoda 지음
한규상 감역 | 신미성 역자
212쪽 | 14,500원

만화로 쉽게 배우는 **디지털 회로**

Hideharu Amano 지음
신미성 역자
224쪽 | 14,500원

만화로 쉽게 배우는 **모터**

Masayuki Morimoto 지음
신미성 역자
200쪽 | 14,500원

만화로 쉽게 배우는 **유기화학**

Toshio Hasegawa 지음
신미성 역자
208쪽 | 14,500원

만화로 쉽게 배우는 **CPU**

Michio Shibuya 지음
최수진 역자
260쪽 | 14,500원

만화로 쉽게 배우는 **면역학**

Hiroshi Kawamoto 지음
김선숙 역자
272쪽 | 14,500원

만화로 쉽게 배우는 기술영어
원제: マンガでわかる 技術英語

2017. 3. 24. 초판 1쇄 인쇄
2017. 3. 30. 초판 1쇄 발행

지은이 | Maki Sakamoto(坂本真樹)
그 림 | Aki Fukamori(深森あき)
제 작 | Trend Pro
감 역 | 박조환
역 자 | 김선숙
펴낸이 | 이종춘
펴낸곳 | BM 주식회사 성안당

주소 | 04032 서울시 마포구 양화로 127 첨단빌딩 5층(출판기획 R&D 센터)
　　　10881 경기도 파주시 문발로 112 출판문화정보산업단지(제작 및 물류)
전화 | 02) 3142-0036
　　　031) 950-6300
팩스 | 031) 955-0510
등록 | 1973. 2. 1. 제406-2005-000046호
출판사 홈페이지 | www.cyber.co.kr
ISBN | 978-89-315-8062-4 (17740)
정가 | 16,000원

이 책을 만든 사람들
편집 · 진행 | 김정인
전산편집 | 김인환
표지 디자인 | 박원석
홍보 | 박연주
국제부 | 이선민, 조혜란, 고운채, 김해영, 김필호
마케팅 | 구본철, 차정욱, 나진호, 이동후, 강호묵
제작 | 김유석

성안당 Web 사이트

■ 도서 A/S 안내

성안당에서 발행하는 모든 도서는 저자와 출판사, 그리고 독자가 함께 만들어 나갑니다.
좋은 책을 펴내기 위해 많은 노력을 기울이고 있습니다. 혹시라도 내용상의 오류나 오탈자 등이 발견되면 "좋은 책은 나라의 보배"로서 우리 모두가 함께 만들어 간다는 마음으로 연락주시기 바랍니다. 수정 보완하여 더 나은 책이 되도록 최선을 다하겠습니다.
성안당은 늘 독자 여러분들의 소중한 의견을 기다리고 있습니다. 좋은 의견을 보내주시는 분께는 성안당 쇼핑몰의 포인트(3,000포인트)를 적립해 드립니다.
잘못 만들어진 책이나 부록 등이 파손된 경우에는 교환해 드립니다.